取材現場は地方に宿る

新聞記者　封印40年の記憶

原　裕司

東京図書出版

まえがき

私は二〇二一年八月をもって、四十年五カ月続けてきた新聞記者生活に終わりを告げた。七年間勤めた北海道新聞時代は夕張炭鉱ガス突出事故、夕張保険金殺人事件、大韓航空機撃墜事件、小樽運河保存運動などを取材し、朝日新聞に入ってからは連続幼女誘拐殺人事件、阪神大震災、オウム事件、地下鉄サリン事件、奥尻島災害、永山死刑囚の執行など事件事故、災害、死刑問題や、国鉄の分割・民営化問題、拉致問題、地方行政問題、街づくり問題などの取材を続けてきた。もちろん地方での国政選挙や各種地方選挙、自治体、議会などのニュースも追いかけた。ミニニュースもかなり書いた。転勤が伴う新聞記者では当たり前の仕事だ。

日々の取材で心がけたのは、「現場に迫る」ということだった。現場に迫ることで事実を積み重ね、真実に迫りたいと常に思っていた。

そこで感じ始めたのは、現場の多くは地方にあるのであって、中央にはないということだ。ここで言う中央とは、東京という意味ではなく、巨大組織である中央官僚組織を言う。その中央官僚組織や国会なども取材してきたが、中央に現場はない、地方にこそ現場と真実があると強く思うようになってきた。そして地方にいると中央がよく見えてくるようになった。だからこそ地方にこだわった。転勤族だったことも幸いした。東京も地方の一つに過ぎない。

新聞記者の取材にとって、現場とは何か。そう自問自答してきた四十年間だった。現場にこだわった。

この本で書いたリポートは、私が取材現場で経験した出来事を再度検証して、「取材現場とは何か」をテーマに、当時新聞記事や雑誌、書籍に書き切れなかったデータを加え、その取材の舞台裏や再取材をしたドキュメントだ。現場とは、ジャーナリズムとは何かを考えるリポートにした。当時おかしいと思っていた疑問も入れた。

新聞記者の取材現場とはどういうものなのか、その一端を理解してくれればうれしい。

この本の中で紹介しているリポートで、私が取材した連続幼女誘拐殺人事件は主に埼玉の事件だ。私が常にテーマにしてきた夕張は北海道だ。阪神大震災も中央ではない。オウム事件の主戦場は長野県と山梨県だ。国鉄の分割・民営化の現場も地方だ。戦後の高度経済成長で道路行政の意味が問われた北海道小樽市の小樽運河埋め立て問題も、地方行政の問題だ。官房長官の記者会見を主戦場だと勘違いする人もいるが、あれは現場ではない。

連続幼女誘拐殺人事件については、そのドキュメントを一冊の本にまとめて、ペンネームで書いた経緯があるが、その後、私なりの考えもあって、この事件についての発言を一切封印してきた。今回はその長い沈黙を破って発信することになる。犯人探しもこれで終わりにしたい。

肩書などは当時のままで、引用については、できるだけ正確に記したが、分かりやすいよう一部修正し、算用数字を漢数字に直して、文章全体を統一させた。敬称は略させていただいた。

取材現場は地方に宿る

新聞記者　封印40年の記憶

❖

目次

A　連続幼女誘拐殺人事件と現場取材

▼事件と現場

　一九八八年八月から首都圏で発生した連続幼女誘拐殺人事件は、四人の幼女が被害に遭い、一人が未遂となる衝撃的な事件だった。埼玉県警の捜査は進まず、情報は管理され、マスコミは裏取りもしないまま偽情報を報じていた。容疑者からは犯行を誇示するようなメモや遺骨が被害者宅に送られ、朝日新聞には犯行声明まで投函されて、事件は異様な広がりを見せていた。なかなか容疑者が逮捕されないまま、時間だけが空しく流れていった。

　当時、私は朝日新聞浦和支局（現さいたま総局）の埼玉県警担当キャップとして、この事件に当たっていた。容疑者だった元死刑囚の宮﨑勤（二〇〇八年に死刑執行されたため、元死刑囚とする）が逮捕されるまで、ずっとウォッチしてきた。

　あくまで物証から容疑者を追い詰めようとした埼玉県警が、なぜ容疑者を逮捕できなかったのか。どこに捜査の盲点があったのか。今振り返ると、容疑者にたどり着けなかった分岐点は、現場を重視したからこそ生まれた朝日新聞の特ダネ記事の中にあった。サツ周り（警察担当）における現場とは何かを考えたい。そして今も記憶に残る読売新聞が打った「山中のアジト発見」という大誤報。それがなぜ起こったのかも検証してみたい。

事件を振り返ると、以下のようになる。

後の確定判決によると、八八年八月、埼玉県入間市で幼稚園児（当時四歳）を誘拐、東京都あきる野市の山林で殺害して遺体を焼いた▽同年十月、埼玉県飯能市で小学一年生（同七歳）を誘拐、あきる野市の山林で殺害した▽同年十二月、埼玉県川越市で幼稚園児（同四歳）を誘拐して飯能市で絞殺、遺体を山林に捨てた▽八九年六月、東京都江東区で保育園児（同五歳）を誘拐、殺害して遺体を捨てた▽同年七月、東京都八王子市で小学一年生にわいせつ行為をした。

▼行方不明

事件の第一報は、夕刊社会面に掲載されたベタ記事だった。ベタ記事とは新聞の見出しで一段しか立たない記事のことを言う。小さな扱いの記事のことだ。

入間市の分譲マンションでそこに住む幼女が行方不明になった。一九八八年八月二十二日夕方のことだ。家族が捜すが見つからない。一一〇番した。一一〇番は県警本部に直接入る。県警が地元狭山署に連絡し、不明となった女児を捜すが、夜になったため捜索は中断。翌二十三日の捜索再開を始めてから、県警が広報を通じて発表した。

まだ事件性が分からない段階で、県警の発表に逼迫性はなかった。県警捜査一課や鑑識課の応援も入ったが、私自身、何の警戒感もなかった。その後、大きな事件に展開するという予想すら出来なかった。

二人目の不明もベタ記事だった。飯能市の住宅街で、幼女が突如として行方不明になった。一人目の幼女が行方不明になってから、約二カ月後の十月三日だった。

飯能署の発表も簡単なもので、事件性は感じられなかった。当時の私のメモを見ても、県警幹部は「一人目の時より事件性はないよ」と話していた。要するに事件とする材料がなかったのだ。

その年九月には昭和天皇の容体が悪化し、皇居周辺には各社が立ち番記者（当時は「門番」と言った）を張り付ける体制を組み始めていた。昭和天皇の下血報道が続き、いつ悪化してもおかしくない状況で、各社は全国から若い記者を集めて、天皇関係者の動きを見張る立ち番を何人も投入し、連日昭和天皇の容体が紙面化されていた。

私が担当する埼玉県警記者クラブに詰めていた各社も、そして朝日新聞の私の部下も、その立ち番に取られた。そのため朝日新聞の場合だと県警担当は私一人だけという状態が続いていた。

行方不明事件の管内を担当する朝日新聞西埼玉支局（川越市）の支局員に、地取り取材をするよう私が要請した。地取り取材とは、現場での聞き込み取材だ。目撃者がいるのかどうか、聞いて回る。既に県警の捜査員が聞き込みをしていたのなら、どんなことを聞いていたのかを聞いていく。捜査方針を知るためにも大切な取材の一つだ。

幸いなことに西埼玉支局員は天皇の立ち番応援取材に取られていなかった。私は地取り取材を進めている西埼玉支局員の情報を元に、県警担当幹部の夜討ち朝駆け、関係者の取材を続けていた。

県警本部担当記者が一人しかいない以上、現場取材は西埼玉支局に任せるしかなく、私は県警が握っている情報を把握する努力と、関係者の取材から分かった補強材料を、西埼玉支局に伝えるしかなかった。現場がありながら、現場を回れないというもどかしさが続いた。

県警担当記者の難しさはここにある。現場があっても、実際の情報を独占しているのは県警であり、その情報を断片的に得るのが、担当記者の夜討ち朝駆けという手段になってしまうのだ。

県警幹部や捜査員の自宅を回る夜討ち朝駆けと言っても、県警幹部が担当記者に簡単に情報をくれるわけではない。この情報を取る取材をリークだと批判するのは簡単だが、そんなに簡単にリークしてくれるなら、夜討ち朝駆けなど行う必要もない。全く教えてくれないどころか、嘘まで平気でついてくる。冗談を言っているだけで、実際の情報は全く教えてくれないことも多い。現場で得た情報を幹部に当てて確認したいことですら、イエスともノーとも言ってくれないこともある。信頼関係を築いた上での情報収集しかない。これが大切なのだ。

現場に行けないもどかしさの中で、私の夜討ち朝駆けは続いた。

動きがないのに、取材を続けている西埼玉支局員について、当時の西埼玉支局長が県警キャップの私に、「勝手に指示して使うな」と文句を言ってきたこともある。事件としての進展がなく、原稿も出せないような取材は無駄だというわけだ。しかし取材をストップするわけにはいかなかった。結果として、西埼玉支局員は現場を何回も取材し、最終的には特ダネに結びつけた。これは後述する。

またこの連続幼女誘拐殺人事件とは別に、この年は県内で多くの殺人事件が発生し、各警察署に捜査本部が設置された。約十件設置されたが、すべて未解決のままになっていた。県警捜査一課にしてみれば、疲弊する中での幼女行方不明事件の始まりだった。

埼玉県は当時も人口急増地域が多く、特に県西部の首都圏でマンションやアパートが林立し、隣に住む住民がだれなのか分からないという場所も多かった。それゆえ聞き込みも成果は得られず、捜査が難航した面も強い。

▼三人目

三人目の幼女が行方不明になるのは、その年の十二月九日夕方だった。川越署はその日の夜、十一時になってから発表した。発表と言っても、会見はなく、単に発表文の紙を出したに過ぎない。

三人目の幼女が行方不明になっているという情報を知らないまま、私はいつものように県警記者クラブを夜抜け出して、タクシーで県警幹部の夜回りを始めた。しかしいつもなら在宅している幹部が何人も不在だった。何軒か回ったところで、幹部が帰宅後に慌てて公用車で川越署に向かったことを知った。三人目の幼女が川越署管内で行方不明になっていることを私もようやくつかんだ。川越市の団地で幼女が行方不明になったというのだ。

後に知るのだが、県警幹部も慌てていた。三人が連続して行方不明となれば、状況は完全に事件だ。しかし身代金を目的とした誘拐事件なら、報道各社と誘拐協定を結ぶ必要がある。その場合、レクチャーはするが、犯人の動きがあるまで報道は控えるという協定を結ぶ必要がある。犯人からの要求がないなら、発表する必要がある。私はタクシーで県警本部と川越署を行ったり来たりした。時間の無駄だった。

実際犯人からの要求もないため、県警は川越署で簡単に幼女が行方不明になったと発表した。記者会見はなかった。

朝日新聞は状況から判断し、初めて大々的な紙面展開をした。キャップの私と浦和支局デスクのあうんの呼吸というか、八月から続けて三人の幼女が行方不明になっている事実を改めて全国版で報じて、事件性が高いが具体的な証拠はないことも併せて記事にした。

当時はまだワープロが導入され始めた時代で、電話回線で原稿を現場から送るというシステムは社内で構築されていなかった。携帯電話も普及されておらず、原稿は電話で吹き込むか、記者クラブに戻って手書きの原稿をファックスで送るしかなかった。デスクからの問い合わせはポケベルで、鳴らされる度に公衆電話を探す日々が続いていた。

翌日からの各社の報道合戦は過熱し始めた。具体的な情報がない中、行方不明となった川越市の現場に記者を投入し、地取り取材による記事が紙面を埋めるようになる。

「不審な青っぽいワゴン車があった」

「白っぽい乗用車が急発進した」

付近住民への聞き込み取材で得たこうした情報は、裏が取れたものではなく、「そんな話もあるかな」という程度の話で、容疑者につながるものではなかった。県警幹部も肯定も否定もしなかった。それゆえ、「急発進した乗用車があることが、県警の調べで分かった」というトーンの記事ばかり目立つようになった。要するに「書き得」だった。書いてしまった方が勝ちだとする意識が透けて見えた。

こんな記事は推測記事に過ぎなかった。現場取材といいながら、推測でしかなかった。

その川越市から西に三十五キロ。名栗村（現飯能市）の山林で三人目の行方不明となった女児が遺体で発見されるのは、行方不明になってから六日後の十二月十五日だった。県立名栗少年自然の家（当時）の職員がその二日前に幼女の遺留品を見つけ、翌日職員が総出で遺留品を捜し出して、さらに翌日の十五日に地元の飯能署に届けた。

飯能署は県警本部の応援を得て、付近一帯の大捜索に朝から乗り出した。そして午後になって遺体を発見。事件は単なる行方不明事件から連続幼女誘拐殺人事件と発展することになった。

県警はここで初めて記者会見を設定して発表した。しかし肝心なことは隠していた。手足がビニールの荷造り用の紐で縛られていたことだ。そして近くにガムテープが落ちていたことも隠していた。後の公判対策だ。「容疑者・被告しか知らない秘密の暴露」のためだった。

▼脱輪跡

先を急ごう。簡単に記す。

遺体発見後の報道が過熱する中で、容疑者は翌年の一九八九年二月六日未明に、一人目となった不明女児の自宅に幼女の遺骨と謎めいたメモを入れた段ボールを置いていった。容疑者が誇示した事件の異様性を物語っていた。

さらには二月十日には朝日新聞東京本社に犯行声明が届き、初めて「今田勇子」を名乗った。女を装った。

マスコミも大混乱に陥った。


そんな中、県警が極秘で捜査していたものがあった。名栗村の遺体発見現場付近で容疑者が運転していた日産ラングレーが道路の側溝に右前輪を脱輪し、その側溝に八十センチにわたってギザギザの脱輪跡があったことと、その脱輪した車を助けた人間が二人いて、容疑者を暗闇の中で見ていたことだった。県警は内部で色めき立った。容疑者に繋がる初めての情報だった。

容疑者がラングレーに乗せた幼女の遺体を山林に放置して、ラングレーに戻ったが、ラングレーは側溝に脱輪していて、動けなくなっていた。たまたま車で現場を通りがかり、脱輪したラングレーを一人が運転席に座って運転し、一人が後押しして手助けした。容疑者は無言で立ち去ったという。

側溝には脱輪跡のほか塗装片やタイヤ痕も残っていた。

県警はこの二人から極秘で何回も事情聴取した。

しかしここで県警は大きなミスを犯した。容疑者が乗っていた車種をトヨタカローラⅡと断定してしまい、最後まで容疑者を割ることが出来なかったのだ。二人の証言から車種はワンボックスカーで、運転席の形状から、トヨタ車と絞ってしまったのだ。

県警はトヨタカローラⅡの所有者リストを入手し、県内と東京都内の所有者をしらみつぶしに探し始めていた。

しかし県警の「トヨタカローラⅡ」説は実際に容疑者が乗っていた「日産ラングレー」とは最後まで交錯しないままだった。大きな分岐点だった。

脱輪跡の存在は、朝日新聞が二月二十日の紙面で特ダネとして報じた。

西埼玉支局員が、遺体発見現場の近くで道路側溝付近を何回も見つめ直す捜査幹部の姿を目撃。遺体発見現場ではなく、なぜ道路側溝を見ているのか疑問を持った。一方で別の浦和支局員が捜査員から脱輪跡があることを夜回りでようやく取ってきて、ダブルチェックで極秘情報を確認し報じた。

ここで初めて、「事件取材の現場」の意味が生きてきた。県警が持つ極秘情報を現場で確認するという手法だ。

事件取材の多くは、情報の多くを警察が握っていて、記者はその情報を取るためにあの手この手を使って取材を続ける。夜討ち朝駆けはその典型だろう。

しかしその情報はあくまでも警察という権力を持つ機関の見立てであり、それ以上でもそれ以下でもない。その情報が真実なのかどうか、それを確かめる確認作業が必要だ。県警捜査員が取材する記者に嘘を言って、それを信じて報じたら誤報になる。一連の報道で一部新聞で誤報が多かったのは、現場で確認作業をしないで報じたためだ。

この朝日新聞の特ダネはそれを見事証明したものだと、私は今でも思っている。西埼玉支局員の現場取材と浦和支局員の取材で得た特ダネだった。

ただし、朝日新聞はこの時点で脱輪跡の情報はつかんだが、車種が日産ラングレーであることも、そして目撃情報から県警がカローラⅡを追っていることも、分からなかった。

既に鬼籍に入った当時の県警幹部は生前、宮﨑勤の死刑執行についての私との雑談の中でも、こう言って悔しがった記憶がある。

「車を手助けした二人のうちの一人は自動車関係の仕事をしている人物。その人間に何回も話を聞いて、車種を割り出したはずだった。まさか、違っていたとは。今でも信じられない」

県警もミスリードを繰り返した。

その典型が三人目の幼女の遺体が発見される二日前、一九八八年十二月十三日、県警が発表した似顔絵情報だった。斜め後ろから描いたサングラスとマスク姿の男の絵と、それとは別にハンチング帽だけの絵を発表した。潰しきれない情報だとして発表したが、各社は推論を交え、犯人と断定する記事を報じた。

これでは逆に容疑者とは遠ざかっていくだけだった。朝日新聞キャップだった私は、こうした曖昧な情報は全て記事にはしないことにした。これが結果として正しかった。目撃情報ほど曖昧なものはないのだ。現場取材で得られていないこともあり、たとえ得たとしても、県警は「曖昧な数多い目撃者情報の一つ」としか反応はなかっただろう。

それでも県警は発表してしまった。私は違和感を抱いたままだった。だから紙面化するには気を遣って、大きな扱いはしないよう、細心の注意をしたつもりだ。

その後、東京都江東区の幼女が一九八九年六月六日に行方不明になり、五日後に埼玉県飯能市の霊園で遺体で発見され、四人目の犠牲者が出た。

そして八月十日に逮捕されたのは、七月に東京都八王子市で強制わいせつ未遂事件で逮捕されていた宮﨑勤だった。

▼読売新聞の誤報

この事件取材では、読売新聞が当初から違和感満載の紙面作りをしていた。最初の違和感は、三人目の幼女が行方不明になった時の紙面だ。各紙とも一面や社会面など全国版で大々的に報じた中で、読売新聞だけが違っていた。社内での判断ミスだったのだろう。全国版には載せず、埼玉県版だけに三人目の行方不明を載せていた。

このころから読売新聞は一連の報道合戦の中でミスが目立つようになる。それが最後は「秘密のアジト発見」という大誤報に繋がっていく。

遺体発見の二日後には、「フライドチキン店に不審な男、白いワゴン車」という誤報を流したし、遺体発見状況でも、「口に粘着テープ」という事実ではない記事を載せた。

秘密のアジト報道はそのとどめだった。容疑者が逮捕された七日後の一九八九年八月十七日夕刊で「山小屋アジト発見」と大々的に報じたのだ。だが警視庁は完全に否定し、読売新聞は翌日の朝刊で訂正とお詫びを出した。警察庁記者クラブに今でも残る語り草で、「負の歴史」だ。

なぜ、読売新聞はダッチロールを繰り返したのか。

それは地取り取材を現場取材だと勘違いしたことに尽きる。現場で聞き込みをして得た情報を、県警幹部はどういう位置付けをしているのか、という確認をしていなかったことだ。県警捜査員も聞き込みをしていたのだから、という安易な思いで記事にしてしまったのだろう。

事件取材では「書き得」という言葉がある。曖昧な情報でも先に書いた方が勝ちであり、特ダネにもなるという考えだ。この連続幼女誘拐殺人事件の多くの記事が書き得だった。そう評価されても仕方ないほど酷かった。

当時の読売新聞浦和支局デスクに、かなり時間が経過した時に話を聞いたことがある。つかんだ情報はそのまま紙面化していたことについて、朝日新聞や毎日新聞との特ダネ競争に巻き返そうとしていた意識があったかもしれない、と漏らした。特ダネ競争の哀れな結果だった。

県警のミスリードも拍車をかけた。

現場取材で大切なのは、それが事実かどうかである。一方で県警が情報の大半を握っている。その現場と県警情報、そして関係者の取材のバランスで、事件報道は成り立っていることを見逃してはならない。

だからこそ現場を踏むのだ。

二〇〇八年六月十七日、宮崎に対する死刑が執行された。県警もマスコミも振り回された事件の終焉だった。

（了）

（この項は拙著『今田勇子VS.警察　連続幼女誘拐殺人事件』〈大和田徹＝ペンネーム、三一書房〉からデータを引用し、新たに執筆したものです）

B

朝霞事件判決

▼判決報道

「被告人に懲役五年を処す」

開廷は予定の午後一時より一、二分早かった。杉山忠雄裁判長（当時）は、落ち着いた声で判決の主文を言い渡した。実刑だった。しかし求刑十五年に対して、わずか五年。

「ウオーッ」

というどよめきが廷内に響きわたる。と同時に夕刊最終版締め切り時間の迫った記者たちが、法廷を出て一目散に、法廷のある三階から、一階と地下室に設けられた臨時の記者室に走り出した。

一九八九年三月二日の浦和地裁（現さいたま地裁）刑事一部三〇一号法廷。一九七一年八月、埼玉県和光市の陸上自衛隊朝霞駐屯地で自衛官が殺害された朝霞事件に絡んで、強盗致死、公務執行妨害、住居侵入罪の共謀共同正犯に問われた新左翼活動家で元京都大学経済学部助手の竹本信弘被告（ペンネーム滝田修）に対する判決公判が始まった瞬間だった。無罪判決を予想した社が多かっただけに、有罪、しかも実刑という判決にややとまどいながら、記者たちは階段を降りていった。新聞の夕刊最終版締め切り時間である降版まで、わずか三十分しかない。どの社も夕刊最終版に間に合わせるため、あらかじめ、準備した予定稿に最小限の直しを入れようと、バタバタしていた。必死だった。受け取った判決要旨を十分検証することなく、作業が進められて行った。

判決の骨子はこうだ。

「検察側が主張してきた謀議の存在は、なかった。それを証言する元日大生の供述は信用性がない」

「しかし、第三者を通して電信為替で送った現金四万円は、ほう助と認められる。よって被告人はほう助にあたる」

私は事前の準備取材で、検察関係者が「縮小認定になる」と予測していることを打ち明けられたが、その通りの判決になったことに改めて驚いた。縮小認定とは、起訴された内容のうち一部だけ事実を認めるというものだ。訴因変更はしないが、ある意味で起訴事実の多くを否定したことにもなる。懲役刑を下したが、未決勾留日数をカウントすることで、釈放される。予測通りの判決だったのだ。

当時、私は朝日新聞浦和支局（現さいたま総局）に勤務していた。後述するが、この裁判報道は、朝日新聞にとって大切な意味を持っていた。そのことを含んで取材し、原稿を執筆せよと私は上司に厳命されていた。

▼謀　議

私がこの裁判の判決担当を命じられた時には、既に裁判は結審しており、私は公判記録を読むことから取材を始めた。

これまで計九十二回の公判で検察、被告・弁護側双方が争ってきたのは、謀議があったかどうか、だった。それを証言しているのは、事件の実行グループの一人、元日大生の供述だけだった。この供述の信用性を認め、謀議があった、と判決が認定してしまえば、竹本被告は有罪になるし、逆に否定されれば、無罪のはずだった。

私は関係者の取材を続けた。どう考えても、これは無罪になるしかない内容だった。

前記のように検察関係者までが「縮小認定される」と予測していたのだ。

それなのに、判決はこの供述の信用性を否定し、さらに謀議はなかった、とした上で、有罪としたのだ。そしてその根拠としたのが、本来なら状況証拠であり、有罪の認定には使ってはならない現金四万円の送金事実だった。

最初に有罪という結論があって、それにこじつけた判決と言える。

判決は竹本が拘留されていた日数を含む、としたため、裁判長の職権で、同日夕方、釈放された。竹本にとっては、逃走して以来、実に十七年ぶりの生還だった。

控訴期限が切れる判決二週間後の十六日、無実の訴えが理解されなかったとして、被告・弁護側が判決は不服だとして東京高裁に控訴した。検察側は「事件から十七年たち、新たな証言が出てくる可能性がない」として控訴を断念した。

▼朝霞事件とは

朝霞事件が発生したのは、爆弾事件の幕開けと言われた一九七一年である。この年の八月二十二日午前二時過ぎ、陸上自衛隊朝霞駐屯地内で、パトロール中の自衛官が殺害され、腕章などが盗まれているのが見つかった。現場には、「赤衛軍」と書かれたヘルメットやビラ、旗が残されていた。

当時の新聞記事を見ると、爆弾時代にあって、ノンセクトのラジカル小集団の旗揚げ行動、という見方が多かったように思われる。

この時代状況を公安担当記者の立場から綴った『過激派壊滅作戦』（滝川洋著）には、こう表現されている。

「浦和支局から伝えてきたビラの内容には綱領的なもの全くなくセクトについては判断に苦しむ。（略）さらに遺留品が異常に多く、銃器奪取をスローガンにしながら銃は奪っていないなど、いわゆる犯行の動機も不明という感じだ」

ブント系なのか毛派なのか、決めかねており、大きな事件の割には、真相をつかみきれない雰囲気が伝わってくる。

埼玉県警の衝撃も大きかった。それまで公安事件はほとんどの舞台が東京都内であり、警視庁管内だったからだ。厄介な事件を抱え込んでしまった、というのが正直な感想だったらしい。

県警は事件の実行グループ主犯格として元日大生ら三人を強盗殺人容疑で逮捕するとともに、事件背後に、当時マスコミで有名だった竹本がいた、としてターゲットを絞っていくのである。

当時の雑誌を見ていただきたい。週刊誌でも月刊誌でも、竹本が頻繁に登場している。「暴力革命理論」を振りかざし、新左翼のアジテーターだった。新左翼ばかりでなく、ノンセクトの若者にまで影響を与えていた時代の申し子とも言えようか。

「暴力こそが、暴力のみが、問われているのだ。暴力以外のなにものにも期待しないのだ。すなわち、敵の組織した暴力に対置しなければならない」

　こうしたアジテーションが『朝日ジャーナル』『現代の眼』『情況』など、当時は人気だった雑誌に頻繁に載っていた。このアジテーションを支え、逆に支えられたのが、当時の一連の事件だ。

　爆弾時代と言われたその当時、一九七一年は簡単に列記するだけでも、以下のような事件が連続発生した。

二月　真岡猟銃奪取事件
六月　明治公園での鉄パイプ爆弾投てき事件
八月　東京・目黒機動隊宿舎爆弾事件
　　　陸上自衛隊朝霞駐屯地殺害事件
九月　三里塚強制収容事件
　　　東京・高円寺駅前交番爆弾事件
　　　東京第四機動隊宿舎爆弾事件
十月　東京・世田谷警視庁寮爆弾事件
　　　日石ビル地下郵便局小包爆弾事件
　　　東京都内七カ所の交番爆弾事件

十二月　土田邸爆弾事件
東京・新宿追分交番ツリー爆弾事件

目立ったものを列記してもこれだけの事件が起きていた。事件の犯人がはっきりとしていなかったこともあり、捜査当局にとって、竹本の言動にピリピリしていたとしても不思議ではない。関係なくても黙っておくことはなかった。

朝霞事件の実行犯の供述からか、この元日大生が竹本としばしば会っていたことから、県警の照準は竹本に向けられていった。

翌年一月になって県警は竹本を東京・練馬の米軍グランドハイツ襲撃未遂事件に関して強盗予備の疑いで指名手配する。

竹本の元々の指名手配容疑は、朝霞事件に関してのものではなかった。実際に起きた朝霞事件ではなく、その直前に元日大生らが東京・練馬の米軍グランドハイツを襲って銃を奪おうと計画したものの未遂に終わったという「グランドハイツ襲撃未遂事件」で、事件を謀議し、逃走資金を渡した、という容疑だった。元日大生の供述から、県警が発表したもので、朝霞事件との関連は、この未遂事件の時効が成立直前になって県警が出してきた。

指名手配されたことから、竹本は地下に潜行する。

潜行したことから、県警は怨念に近い捜査を進める。

そして竹本の指名手配と同時に、後に文芸評論家として活躍することになる当時の朝日ジャーナル記者川本三郎が逮捕される。事件実行犯グループから腕章を預かったことが証拠隠滅にあたるという内容だ。川本の逮捕だけではない。竹本の知り合いやシンパが次々と逮捕され、家宅捜査され続けた。いわゆる朝霞事件とはこういうものまで含めた総称を言う。


川本逮捕に衝撃を受けたのは、まさに記者たちだった。朝日新聞社だけではなく、新聞記者全体が衝撃を受けた。

当時、新左翼運動の高揚していた時代は、とりわけ雑誌記者たちが竹本らの人物に接触していた。当時のヒーローのように祭り上げられた人間と接触することで、「より良いネタ」を取るためではあった。

その点でサツ周りを中心とする新聞記者たちとはある面で違っていた。刑事事件と関係するような人物からの情報は否定的であり、警察情報こそがすべてであった。

これは新聞社と言えば、出版局対編集局の関係で見られたし、編集局の内部では、サツ周り対遊軍的な見られ方もしていた。

川本が逮捕された時、朝日新聞社は冷静な態度を示していた、と思う。それが次第に内部で意見が分かれてきたという。

社内の当時の先輩らによれば、出版局の人間が「権力の不当介入で、不当な逮捕だ」という受け止め方をしているのに対して、編集局、とりわけサツ周りの人間にとっては、「サツ周りも知らないくせに、事件の取材をしようとするからだ」という否定的な意見が強く出てきた。要するに事件を公安事件と見るのか、単なる刑事事件と見るのかの違いである。

公安の代弁者のような主張が多い産経新聞の元記者で、この事件についての本『一九七〇年の狂気』を書いた福井惇はその著書の中でこう書いている。

「おそらく朝日新聞の幹部には、滝田をとりまく記者が多少のフライングをした、という程度の認識しかなく、よもや朝霞事件にこれほど関与していたとは、想像すらしてなかったのだろう」

この本は、一審判決が確定した今となっては非常に問題箇所が多い。しかし当時の警察サイド寄りの記者の考えを知るには貴重な資料となっている。

こうした経緯があるからこそ、竹本の判決報道は慎重にという厳命が私に下りてきたわけだ。

ともあれ、竹本はこうした県警の必死の捜査をかいくぐって十年に及ぶ逃亡生活を続けるのである。この間支援者に支えられて論文を発表したり、『只今潜行中』という本を出版したりして、捜査当局をいらだたせていた。

▼消極的だった地検

この間に、竹本の指名手配の容疑が強盗予備罪から強盗致死罪に変わったことも、注目される事実だ。

強盗容疑の公訴時効が、一九八〇年六月に迫っていた。竹本を追うことを断念することに危機感を強めた県警が、時効成立となるその直前に、新たに朝霞事件の共謀共同正犯として手配容疑を強引に切り替えたのである。

判決になってから明るみに出た県警の内部文書に、興味深い記述がある。「朝霞自衛官強殺事件捜査概要／滝田追跡10年7カ月」と題された文書で、秘密扱いになっている。文書を報じた共同通信の配信によると、県警が竹本の指名手配について、時効が成立する直前になって、容疑を強盗予備罪から強盗致死罪に切り替えたことに、地検側が難色を示していたという内容だった。

文書では地検側が「証拠のない事件」だとして難色を示したことに対して、県警側が「証拠の存在、分析状況を詳細に説明し、社会に及ぼす影響などを挙げて説得した」「その結果、警察の方針を全面的に支持するところになった」と結論づけていた。

要するに県警の何回もの説得によって、尻込みする地検を押し切り、容疑を切り替えたことに、「成功した」という認識なのだ。いかに検察側が県警の考え方に消極になっていたかが分かる。

当時から言われたように、埼玉県警が警察庁、もっとはっきり言えば、警視庁の圧力に負けて、いやいやながら切り替えた、ということのようだ。

竹本が突如として逮捕されるのは、夏の日差しが強い一九八二年八月のことである。当時の捜査員によると、潜伏中の竹本に似た人間がいるという情報に県警捜査員が徹底的に張り込み、竹本に任意同行を求めて逮捕した。その時は県警は専従捜査員を従来より、二、三倍に増やして背水の陣を敷いていたといい、執念の捜査だった。

もっとこうした県警サイドの見方に対して竹本がわざと捕まった、という見方もあった。逃亡に疲れて裁判闘争に戦術を変えてきたという見方だ。そのため、県警が逮捕できる場所に、わざとずっといたというのだ。

今となってはどっちが正しいかわからないが、いずれにせよ、関係者の衝撃は大きかった。逃げ切ったかに見えた竹本の逮捕だった。

▼判　決

公判の推移は割愛して、判決の内容を検討しよう。

判決は検察側の論告した強盗致死の共謀共同正犯という主張を退けて、ほう助に当たるとした。検察関係者が私に示唆した「縮小認定をした」ということだ。つまり竹本は共謀したとは言えないが、補助した、と認定したのだ。

最も注目された共謀については、

①大阪市内の中華料理店で襲撃目標を決めた

ということも、

②東京・新宿の喫茶店で第三者と同席の上で会い、重ねて襲撃を指示、場所を移した寿司屋でも激励した

ということも認められない、とした。

そしてこの二回の密談の後も、電話してさらに事件を指示した、と言う検察側の主張も否定したのだ。

注意しなければならないのは、こうした検察側が出してきた証拠や元日大生の供述の信用性をすべて否定したうえで、つまり謀議がなかったとしたうえで、有罪にした点だ。謀議があったと言う元日大生の供述が信用できないなら、これは無罪しかないのに、である。

しかも有罪とした根拠は、『朝日ジャーナル』の記者だった川本経由で電信為替を使った送金での現金だった。本来なら、状況証拠であるはずのものが、有罪の認定材料に使われてしまった。弁護側が主張した借金の返済ということには全く触れていない。

なぜこんな判決になったのか。それは一言で言えば、政治的配慮を加えた、ということだろう。警察の主張が信用できない。しかし、ここで公安事件の無罪判決はできない。初めに有罪ありきとの結論があって、それに判決理由を加えた、ということだろう。

確かに、今回の判決を予期できる動きがあった。

判決一カ月前の二月八日、弁護側が出していた保釈申請が、認められるという出来事があった。これは検察側が抗告し、東京高裁で検察側の主張が認められ、保釈許可は却下されたが、判決の直前だっただけに、一部の気の早いマスコミは「無罪判決へ」と打っていた。

竹本は逮捕以来すでに六年半も拘留されている。逃亡生活を入れるなら、十七年にもなっている。ここで六年半以下の実刑判決を出しても裁判長の職権で釈放できる。事実上の無罪判決とも言える。検察側のメンツを立てて、実刑判決を出しても、これなら双方の痛み分けとなる。こんな筋が判決から読めてくる。

もともと共謀共同正犯とは、暴力団の抗争のように、集団犯罪において対処してきた法解釈である。今日のような集団的犯罪が多発する社会においては、実行行為者の背後に隠れている首謀者の処罰が問題になってくる。共謀共同正犯は、こうした背後の大物を裁く、捜査当局にとって伝家の宝刀である。

だが、問題も多い。共謀共同正犯は、実行行為者と「事件を共謀した」という事実さえつかめば、処罰できるが、謀議にメモなどを残さないのが普通だから、供述に信用性がなければ事件の構図そのものが崩れることになる。一歩間違えれば、冤罪を作り出す装置となりかねない危険性があるのだ。

朝霞事件の竹本も謀議があった、と言うのは元日大生の供述だけで、検察側は共謀共同正犯を立証するために多くの傍証を出したが、所詮は傍証でしかなかった。

判決は共謀共同正犯を否定した。あまりにも、捜査当局の出す材料はずさんだった、という ことだろう。しかしそのうえの有罪なのである。竹本にとっても、支援者にとっても、不満な内容だった。竹本が控訴したのは当然だったし、地検が控訴を断念したのは当然だったといえよう。

夕刊締め切りが終わって、朝刊への続報を書き終えた私は、判決理由を何回も読み直していた。判決本記のほか、社会部の応援記者が社会面用に雑観記事を出してくれた。朝日新聞が絡んだ事件でもあった朝霞事件の判決報道に、会社からの厳命もあり、丁寧に、客観的に原稿を書いて出したつもりだが、かなりの疲労感を覚えた記憶がある。

なおその後、竹本は控訴を取り下げて、一審判決が確定した。刑務所へ収監されることはなかった。

（了）

（この項は『マスコミ市民』一九八九年七月号の私の記事を元に加筆・修正したものです）

C　死刑執行再開の衝撃

▼死刑再開

一九九三年三月二十七日未明に入ったニュースは今でも衝撃的なものだった。

自宅で寝ていた午前二時半過ぎに、知り合いから電話で起こされた。

「原さん、やられてしまった」

これが第一声だった。死刑執行が再開されたのだ。日本で死刑執行ゼロという状況が三年以上続いており、多少の懸念はあったが、このまま日本で死刑執行がなくなるのではないか。そんな声が、死刑廃止を目指す市民団体から挙がっていた。そんな矢先の出来事だった。

当時私は東京本社にいた。たまたま死刑問題を取材していた経緯があった。

死刑執行が事実なら、裏を取って報じるしかない。朝刊最終版の締め切り時間はとっくに過ぎており、夕刊にその執行事実を報じるため、早朝からの取材体制を整える必要があった。

しかも衝撃だったのは、読売新聞が特ダネとして打ってきたことだった。

さらに一時間後、本社社会部の泊まりの記者から電話があった。読売新聞の裏をとって欲しい、という内容だった。

私は朝まで待ってから電話取材を始めた。かつて取材したことがある法務当局関係者、弁護士、各拘置所の関係者らに電話を入れて、探った。現場があっても、現場取材ができないもどかしさを感じていた。

分かってきたのは、まずは死刑囚二人に対しての執行だった。

自宅に送られた読売新聞のファックスを読み続けていくうちに私は、面白い事実に気づいた。一面トップで死刑執行の特ダネを報じた読売新聞も、完全なスクープではなかったのだ。東京近郊に配達される十三版では、「死刑、3年ぶりに執行」という見出しで、大阪拘置所で一人執行されたと報じたのみで、正確な内容をつかんでいなかった。大阪発行紙面では、記事の最後に「もう一人も」と曖昧に伝えていた。最終版でようやく死刑二人執行と報じた。

読売新聞は版ごとに、報道内容を差し替えていたのだ。早い段階で死刑執行の情報をつかんで報じたが、一人だけだった。それがもう一人執行されたらしいという未確認情報に変わり、さらには締め切りの遅い大阪本社最終版では、二人が処刑という情報に変わった。最終版締め切り時間になっても一人の名前はわからなかったのだろう。

朝日新聞が夕刊で読売新聞の報道を追いかけたが、その後の私の取材で仙台拘置支所でも、もう一人執行されたことを知った。今度は朝日新聞が特ダネとして朝刊で報じた。当時の法務大臣後藤田正晴は三人に対して死刑執行を命じていたことになる。

日本では一九八九年十一月を最後に死刑執行ゼロが三年四カ月続いていた。頻繁な内閣改造で法務大臣が何人も交代し、さらには歴代の法務大臣が死刑執行命令を拒否したことなどもあり、死刑執行がなかった。法務当局は、死刑執行ゼロの状態に苛立っていた。制度として存在させる以上、毎年一回でもいいから執行させたい、と考えていたはずだ。死刑執行ゼロを歓迎する市民団体と、執行ゼロを危険視する法務当局の水面下でのつばぜり合いが続いていた。

なぜ日本で死刑執行ゼロが続いているのか。

こんな問題意識を持って、私は取材を進めていた。私は新聞業界に入る前、フリーライターのまねごとをしていた。テーマの一つに日本の死刑制度というものがあった。秘密裡に執行されていく実態を知りたいと少しずつ取材を進めて、資料を集めていた。それは新聞社に入っても続けた。

そして本社に上がったことを契機に、改めて死刑問題をテーマに紙面化できないかを考えた。ちょうどその時、死刑執行ゼロという、戦後初めての状態が続いていた。一年続き、二年が経過し、そして一千日が過ぎていた。私は「一千日突破」という記事を朝日新聞紙面にニュースとして初めて書いた。

その後親しいデスクに声をかけられて、社内の仲間を集めて取材チームを立ち上げて、執行ゼロの背景を探る取材を始めた。死刑執行を進める法務当局や死刑執行のサインをする法務大臣、拘置所の職員、当の死刑囚、そして事件の被害者らを探し求めて全国を歩き回った。取材を始めて半年後、朝日新聞の紙面に「死刑執行ゼロの周辺」というタイトルで連載を始めた。一九九二年のことだ。

連載が終わっても、死刑執行ゼロは続いていた。

状況が変わったのは、その一九九二年十二月、「カミソリ後藤田」の異名がある後藤田正晴が、宮澤内閣の法務大臣に就任していたことだった。後藤田は死刑執行再開に意欲を示していた。

後藤田は就任の会見で、

「裁判で確定している以上は、法務の仕事に携わる者として尊重しないと、法秩序そのものがおかしくなる」

などと述べていたから、死刑執行再開を懸念する中での処刑だった。

死刑問題に関心を持ち始め、取材してきた私にとって、「執行再開」はない、と信じつつも、万が一あるとしたら、そのニュースは私の所に第一報が入るはずだった。この二十年間で知り合った法務省関係者や矯正施設関係者、市民団体のメンバーなど考えられる所すべてにアンテナは張っていたはずだった。法務省からダイレクトに情報が漏れないかぎり、情報は支援者や市民団体から少しずつ出てくる、と思い込んでいた。これまでの経験則や取材から、法務省が死刑執行の事実を漏らしたり、発表したりすることはあり得なかった。それだけ取材の壁が厚いことは、死刑問題を取材してきた過去多くのジャーナリストや記者が証言していた。

それゆえ、一九九三年三月の死刑執行再開は、私には衝撃的なニュースだった。読売新聞が三回も死刑執行で特ダネを打ってきたのだ。まさか読売新聞に「抜かれる」とは思いもしなかった。

それ以降、ほぼ半年に一回の執行が当たり前のようになってきた。

▼死刑制度

日本には死刑制度がある。先進国で存置している国は少ない。日本と米州政府ぐらいだ。

その一方で法務当局は死刑制度の実態を全く公表していない。いつ、どこで、だれが執行されたか、その時点では全く明らかにしていなかった。公開されている法務統計を見ても、実態は分からないような状況だ。

法務当局にしてみれば、死刑制度の実態を隠しながら、制度として存在していることが分かればよいのだ。死刑執行があるぞと国民に臭わせるだけでよいのだ。

死刑は法務大臣のサインで執行される。法律ではサインした五日後以内に執行することが決められている。

法務大臣に死刑執行のサインを求めるのは、法務省刑事局の幹部だ。死刑執行命令書は、その役人が作成する。

死刑執行再開以来、同じ日に処刑されるようになったのは、決して偶然ではない。法務当局の幹部は、処刑できる日を同じ日に設定し、同時執行できるように大臣にサインを求めたに他ならない。そして後藤田以降の大臣は堂々とサインをした。

同じ日に処刑するよう、国家は強い意思を持っていたことになる。

その法務省の役人が作った命令書を、政治家である法務大臣がサインを拒否するなら、死刑執行は行われない。確定死刑囚の生命は、法務大臣の死生観に左右されるということになる。人の生命を大切にする人が大臣になれば、執行はないし、人の生命より国家の秩序を優先する人が大臣になれば、いつでも確定死刑囚の生命は危なくなる。大臣の死生観で死刑囚の生命が左右されることになる。内閣改造で法務大臣が交代するたびに、確定死刑囚たちは、自分の生命がどうなるか気になる、ということになる。

法理論で構成された刑事裁判の結果が、国家や法務大臣の意思や感情で最終的に歪められていく、という矛盾をどう考えれば良いのだろうか。

かつて造船疑獄事件で、指揮権発動が行われた時、法務省幹部の屈辱は相当なものだった、という記録がある。逆の意味だが、法務大臣が死刑執行命令書にサインしなかったのも、造船疑獄事件と同じように屈辱だった、と法務大臣時代にサインしなかった左藤恵は、私の取材で明らかにしている。

法務当局にとっては、死刑執行ゼロが続く屈辱の中で、執行を優先させた法務大臣、後藤田は法執行という観点からは評価すべき大臣なのだろう。その後、歴代の法務大臣による死刑執行は続いている。

一九九五年に発生した東京地下鉄サリン事件は、容疑者としてオウム真理教の幹部が次々と逮捕されていったが、まだ裁判が始まっていない時に、一部週刊誌が極刑という表現を使い出し、結果として死刑やむなしという雰囲気を醸し出していった。

こんなマスコミが作った社会風潮に完全に便乗して、法務当局は死刑執行を続けてきたのだ。オウム事件の捜査は警視庁を中心とする警察当局だが、これに対して法務当局は掩護射撃をした、ということになるだろう。どんな死刑囚でもこんなふうに生命を弄ばれてはたまらない。

警察当局によると、殺人事件の被疑者は年間一千人近くになる。そのうち死刑が確定する人数は、わずか十人にもならない。つまりその一〇〇分の一が選ばれた人間ということになる。被害者感情とか、国民感情とか言うが、この意味でも死刑制度は矛盾したものなのである。

国連総会は一九九一年、死刑廃止国際条約を採択し、条約が発効した。世界の流れに逆流するかのように、日本では死刑が再開されて、そして同時処刑が当たり前になってきた。国家が人を殺すということが優先される。戦争では人を殺した人間は英雄となるが、死刑もしかり。死刑執行をした大臣も英雄なのだろうか。

▼後藤田の矛盾

そしてなぜ後藤田が死刑執行を再開させたのか。

死刑執行は、法務大臣一人だけに委ねられた権力行使だから、政治家である法務大臣が一人で考えるものだ。ということは、その法務大臣の死生観で、サインをしたり、サインを拒否したりする。つまり後藤田は自分の信念で死刑執行命令書のサインをしたのだろう。

後藤田の次に法務大臣になった民間出身の法務大臣、三ケ月章も四人の死刑囚に対する命令書にサインをし、さらに翌九四年十二月、社会党政権の法務大臣、前田勲男が二人に対して死刑執行命令書にサインした。九五年五月にも三人に対して死刑が執行された。

それ以来、ほぼ半年に一回、複数の死刑囚を同じ日に処刑するようになった。半年に一度、しかも複数の人間を処刑するのが日常化していると言っていい。要するに、現在の死刑執行状況をつくったのは、法務官僚と法務大臣、後藤田正晴なのだ。

『情と理　後藤田正晴回顧録』という上下二巻からなる本がある。インタビューに後藤田本人が答える形式を取っている。

問題はこの下巻の「第二十章　自衛隊派遣、死刑制度、検察人事に物申す」に出てくる記述だ。下巻の二百六十八ページに、死刑問題について触れてこんな表現がある。


《僕はいまでも考えは変わっていない。その理由は、一つは法秩序というものはどうすれば守られるのかということが基本にある。同時に僕は、それだけでもいかんだろうと、世論調査ではどうなっているか調べたんです。そうしますと、政府の世論調査では七割ぐらいが死刑賛成論者ですね。死刑執行反対は少ないいんです。しかしこういうものはそうした結果が出ることが多いんですね。だから僕は、これだけではいかんと思っていたところ、たまたまその前年か前々年ぐらいに、四国四県の県庁所在地、高松、松山、高知、徳島の街なかの繁華街で、通行人に何の選択もなしに世論調査をやっている結果があったんです。それがまた同じなんだ。死刑廃止に反対なんだ。これは政府がやった世論調査ではなくて、民間がやったんじゃないですかね、ちょっとはっきりしないんですけど。それでも、そういう結果だから、これではまだ、日本では死刑廃止は早過ぎるという気がしたんですね》

実はここに大きな誤りがあった。民間が行った調査結果を正反対に解釈しているのだ。世論調査というのは、そう度々行われるものではない。この調査というのは、調べる限り、市民運動グループである「死刑廃止条約の批准を求める四国フォーラム92」が行った街頭アンケートしかない。市民運動が独自に調べた結果の感想を、後藤田がインタビューで答えたのだろう。

その時の調査結果は、一千九百五十五人のうち、「死刑が必要」は三五％の六百八十七人、「死刑は不要」が三九％の七百五十九人、「わからない」が二六％の五百九人という結果だった。

数字によく注目してもらいたい。死刑不要が死刑必要論者を上回っている。もちろん、調査方法がどのような方法で行われたか実際は分からないが、政府がこれまで誘導尋問的な質問で作り上げた世論調査の結果と正反対の内容なのだ。後藤田は、この結果を正反対に解釈してみせて、民間調査でも、死刑賛成が反対を上回っていた、と本の中で言い切っていたのだ。そして自分がサインした死刑執行を正当化させてしまっているのだ。

私は新聞記者として、正直驚いた。後藤田たる政治家が、こんないい加減な回顧録を出版するなんて。こうしたいい加減な記述が、将来の歴史家によって引用されると歴史は歪まれていくと危惧した。歴史を正しく記録する意識が、全く欠如している、と言わざるをえなかった。

権力者は自分に都合のいい理由を付けて、権力を行使する。後藤田は都合のいい理由で死刑を再開させた。

ジャーナリズムはこの権力行使に無気力なだけなのか。

なおこの後藤田の本はその後文庫化されたが、問題の記述をバッサリと削除した。抗議した市民団体に何の説明もなかった。

法務省は一九九八年十一月から執行の事実と人数を公表するようになり、そして二〇〇七年十二月から実名を発表するようになった。これまでの秘密主義を一部改めた形だが、果たして国民が納得する形になるのかどうか。

「死刑制度に関する資料」という資料がある。「平成20年6月　衆議院調査局法務調査室」がまとめたものだ。

「死刑執行に関する情報開示」というタイトルでこんな表現がある。

《死刑執行の事実について、かつて法務省は、法務大臣が記者会見などで言及したケースを除き公表せず、毎年発行している矯正統計年報に過去一年間に執行された総数や男女別数、執行した拘置所を掲載するだけであった。このため、年報が発行されるまでに執行の事実が判明するのは、報道機関などの独自取材や調査によるケースが多かった。

平成十年十一月、当時の中村法務大臣の「情報公開の観点からも国民に知らせるべきだ」との考えに基づき、法務省は執行の日にち及び人数は公表するようになった。しかし、執行を受けた者の氏名や執行場所については、死刑確定者の遺族が受ける精神的な苦痛や、他の死刑確定者の心情に与える影響といった理由により公表せず、報道機関が独自取材で報じる状況が続いてきた。

平成十九年十二月七日、法務省は、三人の死刑を執行するとともに、死刑の執行を受けた者の氏名と犯罪事実、執行場所を初めて公式に発表した。同省は、初めて氏名などを公表した理由について、「事件の被害者をはじめとする国民から情報公開をすべきだとの要請が高まるなか、死刑が適正に執行されていることを国民に理解してもらうために公開が重要と考え、鳩山法務大臣が今回の公表を決断した」と説明している。

この点については、犯罪被害者の立場を重視すべきだとの世論などに後押しされた形で、「秘密主義」と批判されてきた死刑執行の情報公開が一歩前進したと評価する声がある》

自画自賛している点が気になる。

▼幻の単独会見

現場があっても現場取材ができないのが死刑問題だ。もどかしさの中で、私は東北部のある拘置所で、とある死刑確定囚と面談していた。後藤田の死刑執行再開という事実が積み重なる中でのインタビューだった。

新聞記者であることを拘置所には隠して、インタビューしていた。

法務当局は確定死刑囚と第三者との交流は許していない。許されているのは、当局が認めた家族らで、しかも一日一回の面会だけだ。新聞記者の取材などは禁止されている。

日本の死刑囚の実態はベールに包まれており、当局もほとんど公表していない。私が死刑制度の取材を始めた時は、死刑執行の事実すら公表していなかった。秘密だった。死刑制度が存在する米国各州が公開しているのとは正反対だ。

当局が隠すなら、その実態に迫るには、あらゆる取材をする必要がある。

新聞記者の取材が正面から許されない以上、今回の面談では私は関係者と相談の上、形は支援者を名乗った。最高裁で死刑判決の上告が棄却されて、確定することを伝えるメッセンジャーの役目を担っていた。

相手は死刑判決確定の知らせを淡々と聞いていた。私は取材だと悟られないよう、通常の取材ノートとペンを使うのはやめて、市販のノートとペンを用意して話を聞いていた。

相手の話に時折頷いて、聞いていた。

その死刑囚は冤罪を訴えていた。

「無実の者が無罪ではなく、なぜ死刑になるのか」

「(死刑判決は) 予想していたので、怖くない」

などと私に訴えた。


――死刑判決をどう思うか。

「どうして無実の僕が無罪ではなく、有罪になるのか。刑事訴訟法では、犯罪の証明がない時は、無罪になるようになっているのに。判決には怒りがある」

――その判決だが、弁論が開かれて、わずか四十日で判決が出たが。

「裁判官が一人退官するために、無理して判決を早めたようだ。こういうやり方自体おかしい。新聞の解説にも、この程度の証拠で有罪になるとは恐ろしい、という記述があった。僕だけではなく、これからもいろんな冤罪がつくられていく。ジャーナリズムや知識人は、こういうことを厳しく取り上げてほしい」

――死刑判決が確定するが、怖くないのか。

「怖くない。現在の司法の水準は、こういうものだと思っているから。精神的ダメージはない」

――死刑が確定すると、近親者以外は面会できないなど、今まで以上に外部との接触が制限される。

「友人と会えなくなるのは寂しい。しかし、寂しいというのと、怖いというのは違う。僕は精神的にタフだから」

——連続企業爆破事件の死刑囚たちは、事件の関与を認める一方で、死刑制度の廃止を訴えている。あなたは死刑制度をどう見るか。

「僕も死刑制度を廃止しなくてはいけないと思う。が、それと再審請求は別。僕は無罪で闘っているので」

——再審請求の準備をする、という話だが。

「(再審は) なかなか厳しいけど、しっかり準備をして、やっていく。再審で無実、無罪を訴えていく」

——獄中生活はどうしているか。

「本を読んだり、手紙を書いたり。あまり左翼的なものは読まない。運動不足のせいで腰が少し悪いだけ。やることは他にたくさんある」

取材は成功した。そう確信した。

拘置所を後にして、タクシーに乗り込んだところで、他社を乗せたタクシーが拘置所にやってきた。地元新聞の記者だった。私よりは遅れてやってきたらしい。残念ながら、あなたたちには会えないよ。そう心の中でつぶやいた。

これには理由がある。

このインタビューはかなり以前から周到に準備してきたもので、突然面会を申し入れても、無理なのだ。

関係者と念入りに準備しての面談だった。相手も僕が新聞記者だと知って、話をしていた。

関係者に根回しをして、やっとこぎ着けたインタビューだった。

ただし、インタビューであることは拘置所に伝えていなかった。

新聞記者であることも伏せていた。

相手の死刑囚には、獄中結婚した妻から、それと分かるように伝えていた。

つまりインタビューする側も受ける側も、同意した取材だった。

問題は拘置所の秘密主義をどうクリアするかだった。ある意味、拘置所をだました取材手法でもあった。ある種の潜入ルポでもあった。

潜入ルポは、正面取材が出来ない場合に使われる手法だ。かつては鎌田慧の『自動車絶望工場』、大熊一夫の『ルポ・精神病棟』など秀作もでている。最近ではユニクロの潜入ルポが評価されたのは記憶に新しい。

拘置所を引き揚げて、支局に上がり、原稿を書きだした。

原稿を書き上げて、現地のデスクから本社のデスクに転送されていた。本社デスクからのオーケーを待っていた。

事前の社内の取材チームの打ち合わせでは、司法担当記者が「すごいニュースになるな」と言っていたことを思い出す。特ダネである。

新聞原稿にして約百行。一面トップの本記の受けという形で、社会面のアタマ記事をイメージして、原稿を書き上げていた。

ここで言う「アタマ」とは、新聞業界用語で、「トップ」という意味だ。その新聞社がその紙面では一番のニュースであることを意味していた。

私は、死刑判決が最高裁で確定した直後の死刑囚に、単独インタビューを成功させたことになる。通常、死刑囚に新聞記者がインタビューすることなどあり得ない。未確定の、死刑判決が出ただけの未決囚に会うことは出来ても、確定した死刑囚に会うことはまず無理だった。

今回の取材は当局と対決する覚悟で臨んだ。拘置所、法務当局に忖度する必要などなかった。取材は最高裁を取材する社会部記者と手分けする形で準備を進めていた。私のインタビューが成功すれば、社会面アタマと決めていた。

私は本社デスクからの連絡を待った。

しかし、結果として本社デスクがこの原稿を止めて、使わなかった。結論として法務当局へ忖度した結果だった。使われず、幻の特ダネになったことで、私は落胆した。

死刑制度を取材しようとすると、立ちはだかる大きく高い壁。法務当局の秘密裡に行う死刑執行という国家儀式。そして当局に忖度する新聞社。どうすれば、その壁を乗り越えて、その実態を取材できるのか。

後に当時の社会部長に言われたことがある。「直接のインタビュー記事が無理なら、支援者から聞いた、というスタイルで記事にすれば良かったのではないか」と。

当時のデスク陣にそんな発想もなかったのだろう。当局に忖度しただけだった。理由は聞かなかった。

今回のインタビューは死刑執行が当たり前のようになった風潮の中で、当の死刑囚は何を考えて、何を受け止めているのか。そんな問題意識の中で行った取材だった。

原稿が没にされた事実がその後社内で問題になることはなかったし、私も問題にすることは避けた。

この話は私が朝日新聞を退社したため、初めて明らかにする事実だ。もう明らかにしてもいいだろうと判断した。

▼欧州評議会

死刑制度を存続させる日本の死刑状況を調査するために欧州評議会議員会議が来日し、日本側の死刑廃止を推進する議員連盟の共催で司法人権セミナーが二〇〇二年五月、参議院議員会館で開かれた。免田事件の免田栄さんらも招かれていた。私は日本側からの唯一のジャーナリストとして出席・発言した。

以下はその私の発言趣旨を紹介する。これは英語とフランス語で同時通訳された。

《私が死刑問題に関心を持ったのは、今から四半世紀前つまり二十五年前ですが、確定死刑囚の再審問題があって、にぎわった時です。それ以来、個人的に死刑についての情報や資料を集めたり、証言を求めたりしてきました。

まず冒頭に紹介したいのは、二十年間死刑に関心を持って来た者として、一番のショックは三年四カ月、日本で執行されなかった死刑執行が一九九三年三月に執行されたことです。これに私は新聞記者として大変ショックを受けました。と言うのは、一九八九年十一月の死刑執行を最後に、ずっと死刑執行がなく、しばらくは死刑はないだろうと思っていました。二点目として当時は頻繁な内閣改造があり、法務大臣に対して死刑執行起案書ができる状態ではなかったのではないか、という点がありました。さらに言えば当時の法務大臣の中には死刑執行に対して命令書にサインをすることを拒否する大臣がいた、ということもあった。こういうことがあってしばらく死刑執行はないと思っていたわけです。

それが一九九三年三月に私の勤めている会社のライバル社である読売新聞社が一面トップに死刑執行という特ダネを書くわけです。特ダネを書かれたこともショックでしたが、しばらく死刑執行はないと踏んでいた私には寝耳に水でした。

日本では死刑について発表がありません。あるのは数年前から、法務省担当者である裁判所記者クラブの代表幹事社のファックスに、本日死刑執行がありましたと一枚のファックスが来るだけです。それまで、十年以上前は、それすらありませんでした。死刑執行についてマスコミが、今のように大きく報じることはなく、一年に数人ずつ執行されても、記事にもなりませんでした。

それが今では半年ごとに一回同時に処刑があるという状況がこの十年間続いております。この複数の死刑執行について、メディア側は、まず法務省よりも市民団体から情報を得て、執行の確認に走るわけです。拘置所や法務省幹部に当たり、本当に執行があったのかどうかを確認する作業を続けてきました》

《日本の死刑制度は、秘密裡、隠密、誰にも実態を明かさないという状態で処刑されています。この秘密の中で処刑されているために、マスコミも全然気付かないのが実態です。気付くとすれば死刑囚を子供に持つ母親とか親御さん、親戚の方が、拘置所から連絡を受けて、そこから話が広がるという状態が今でも続いています。

日本で死刑制度を隠す本当の目的は、公表しないで、死刑があるぞという見せしめを常に狙っているからだろうと、私は思っています。そして複数処刑のやり方は常に大きな殺人事件や大きな裁判があった時に、見せしめのために処刑しているという実態があります。死刑制度に関する世論調査を公表された時とか、大事件の裁判で死刑判決があった時とか、大きな事件のたびに、常に連動するようにして、法務省の幹部が死刑執行の命令書を作り、大臣に対して判を押すように促す、これが今の日本の実態です。

私がショックを受けたもう一つは一九八九年に昭和天皇が死去し、そのために恩赦があると言って控訴を取り下げた死刑囚がやはり処刑されたことです。

つまり、日本の死刑というのは常に執行を続けることで制度の維持を図り、伝家の宝刀を抜いてみせる、これが私のこれまでの実感です。

日本では、被害者の感情を無視できないから死刑執行するということを常に死刑存置論者が言いますが、被害者にもいろいろありまして、加害者に対して生きて謝罪せよと、何回も訴える人もいます。ましてや死刑執行ですべての問題が解決するわけではありません。また、日本の場合、被害者に対して精神的、物理的、金銭的な救済は全くしていません。

被害者救済という名目だけにおいて、被害者の名を借りて、死刑執行している状況が続いております。

想像たくましくしていただきたいと思います。特に欧州から来られた方にお願いします。日本の死刑制度は、太いロープで首を吊って自分の体重で死んでいく執行方法です。自分の首に縄をかけられて目隠しされ、板の上に立たされます。五人の死刑執行人が同時にボタンを押すと、そのボタンの一つだけが本当のボタンでありまして、板が外れてドーンと自分で落下します。自分の体重、自分の重さで死んでいくという処刑方法が本当に残虐ではないと言い切れるでしょうか、よく考えていただきたいと私は思います》

《個別死刑囚について、私は何回もいろんな確定死刑囚にアクセスしてきました。しかし直接会うことも手紙をやり取りすることもできません。私のやり方では、接見できる弁護士の方に頼んだり、家族の方にお願いしたり、支援者に依頼したりして、死刑囚が今何を考え何をしているのか、かろうじて分かるだけです。日本の具体的な死刑囚全体を把握している人はほとんどいないでしょう。

日本では七カ所の拘置所に死刑囚が収監されています。日本の死刑囚というのは、判決が確定して以来、何年も何年も独房に入れられ、外部交通権も切断されたまま、長い長い拘禁生活が続きます。これに対し、日本政府は一切公表しようとしていません。国会議員の強い働きかけに対しても、まだ何もしていません。
日本では一九五六年に死刑廃止法案の提案がありましたが、実現されませんでした。国会議員の方には、死刑廃止国家を実現させていただきたいと思っています》

（了）

〈この項は拙著『殺されるために生きるということ』〈現代人文社〉などから一部引用し、新たに執筆したものです〉

D

阪神大震災と現場の温度差

▼神戸へ

東京と大阪。

通常だと新幹線でわずか三時間足らずの距離だが、こんなに遠いと感じたのは、これまでなかったと私は思う。物理的な距離だけではなく、新聞紙面に対する考え方も、だ。東京本社と大阪本社の紙面に対する問題意識や姿勢が違いすぎた。

最初はそうではなかった紙面が、次第に東京と大阪で格差が広がり始めた。同じ朝日新聞の紙面なのに、大阪特有のエモーショナルな紙面と、東京だったらどうなったかという紙面。初日に応援で現地に入った私は戸惑うことも多かった。当時の現場取材を振り返りたい。

一九九五年一月十七日、発生した阪神大震災の初日。早朝のテレビニュースで大震災発生を知った私は、上司の命令で神戸に向かうよう指示された。当時私は東京本社に勤務しており、本社の記者ばかりか地方支局の若手記者も全国から神戸に向かうよう指示されていた。

神戸に通じる道や幹線道路は至るところで寸断されていた。東京からの新幹線は不通になっていた。東京駅は乗車できない客であふれていた。

当時は携帯電話もスマホも普及していなかった時代だ。私は公衆電話で空席情報を確認し、仙台空港から伊丹空港への便があることを知って、電話予約をした。そして東京駅から逆方向である仙台駅まで新幹線で北上。仙台駅からはタクシーで仙台空港に到着。ここから飛行機で伊丹空港に着いた。

伊丹空港からはハイヤーで大阪本社に寄った後、泉佐野市まで行き、ここから漁船をチャーターして、神戸港に着いた。発生から十二時間が経過していた。既に夜になっていた。ここから歩いて朝日新聞神戸支局が入っているビルに向かった。

漁船の甲板から見た夜の神戸は、所々で赤い炎があり、異様な風景を見せていた。

漁船が接岸した神戸港の岸壁は、至るところでひび割れが起きていた。電気は一切ストップし、真っ暗の街並みを、懐中電灯を頼りに支局に向かって歩いた。真っ暗な中で懐中電灯に照らされた建物が崩壊しかかっているのがよくわかった。すでにゴーストタウンと化し、真っ暗になった中を歩いた。地震は本当に起きたんだ、と実感した。

当時の支局の入った高層ビルの建物はかろうじて、倒壊を免れていた。停電していたから、自家発電を行い、仕事で最低限必要なパソコンやワープロ、ファックス等の機器には電源が入っていた。エレベーターが動かないから、階段で支局のあった十階ぐらいまで上がった。

支局には全国各地から、記者が集まり始めていた。私が着いた時、すでに三、四十人の記者がいただろうか。東京本社や大阪本社からハイヤーで向かった記者やデスクたちは、交通渋滞に巻き込まれ、その日のうちに支局に到着することはできなかった。

集まった記者たちは、何人かのグループに分かれて、取材班を立ち上げた。私は数人のグループを担当するキャップ役になった。

そして翌日からの取材に備えて簡単な打ち合わせをした。移動手段は、会社がチャーターした数台のハイヤーしかなかった。あとはがれきの中を歩くしかなかった。

▼現場の記者は

支局に到着したその日の夜は、この支局で泊まることになった。泊まるホテルなど神戸市にはなかった。稼働していなかった。遠く姫路市などでは一部ビジネスホテルが稼働していて、大阪本社の担当者が空いている部屋をいくつも確保し、それを女性記者に充てて、男性は支局の床に新聞紙を敷いて寝ることになった。

通常の出張だとホテルの部屋を確保して、ホテル暮らしが続くが、市内のホテルはどこも断られた。大きな事件の場合だと、会社が用意するのが通常だが、泊まる場所がないから、支局の建物に泊まり込むしかなかった。

支局にはわずか数人分のベッドやソファーがあるだけだった。残る数十人は建物の硬い床の上に新聞紙を敷いて寝ることになった。ようやくのこと本社から運ばれた毛布が各自一枚支給されたが、床が硬くて仕方ない。その上窓ガラスが壊れていて開いているから、寒くて仕方なかった。私は眠ることができなかった。

多くの記者が着の身着のままだった。私もスーツを着ていた。電気が止まっていたから、建物内の空気が次第によどんできた。タバコの煙も充満してきた。エアコンなどが使えない状態だ。

もしかすると、我々も被災者と同じ状態になっているのではないか、と思った。初日には気にならなかったことだが、風呂も入っていないなかったし、着替えもないから、次第に体全体がかゆくなる。

最大の問題は、水だった。支局建物の水道の水が出なかった。屋上に水槽タンクがあったため、初日は水が出たが、翌日から水が出なくなった。喉は渇くが、水は飲めなかった。大阪本社から弁当やペットボトルのお茶などが夜から届けられるようになったが、「水は貴重だから、飲むな」と言われた。そう指示した人間が翌朝、そのペットボトルのお茶で歯磨きをしている姿を見た時は、私は怒りを持った。

トイレ問題が深刻になった。便器の汚物が流れなくなった。流れなくなったトイレの便器に汚物がたまり始める。汚物が便器に溢れ、和式の便器だったら、しゃがもうとしてもしゃがめない状態になった。

そうしたトイレを避けて、きれいなトイレに入ろうとする。階上のトイレに行った。しかしそこも汚物で便器が溢れていた。さらに階上のトイレに行ったが、同じ状態だった。結局確か最上階の二十二階まで上がったが、使えるトイレはなかった。

結局、市街地にあったホテルのトイレを利用させてもらった。

私は会社の担当者に、人間が最低限生活する道具をすべて運ぶよう要請した。簡易トイレから、水、おにぎり、野菜、軍手軍足、下着、着替え、生理用品、薬、使い捨てカイロ、濡れティッシュなど、とにかく大量に欲しい、と要望した。

しかし、だった。その担当者が私に見せた態度は、うるさいなぁという返事だけだった。通常の取材に必要な用具を揃えるだけで、他に何も用意しようとはしなかった。

多分好意的に解釈すれば、これほどまで事態が深刻になるとは予想できなかったのだろう。

逆に言えば、新聞社にとっての危機管理が全くなかった、と言わざるを得ない。準備不足が、記者たちの体力を必要以上に消耗させて、新聞社にとっても致命的なライフラインの確保ができなかったのだ。

この大震災で応援に来た記者のうち、何人かが倒れて風邪になり、強制送還になった。私自身、がれきの街となっていた神戸市の空気が悪かったせいで、東京に戻ってからも数カ月間、ぜんそくのような症状に悩まされた。

▼何を書くか

大震災発生から一日、二日たち、地震被害の状況が次第に分かり始め、避難所を回り始めた時だ。被災者たちと私たち記者は、同じような生活状態に置かれていることに気づいた。そう、この状態を書くべきだと私は思い始めた。

避難所にいた身体障害者たちは、配られた弁当を食べようとはしなかった。理由は、トイレにあった。食べたら用を足さなくてはならない。しかし避難所となった体育館のトイレは、身体障害者用には造られていなかった。しゃがめないから、トイレのために食事をとることはやめていた。汚物が詰まったままの状態のトイレはそのまま放置されていた。

新聞一面に行くような大災害の本筋論は別の担当者に任せて、私は現場チームのキャップとして、若い記者たちに、排便やトイレの話を書けと指示した。そして生活の知恵について材料を集めてこいとも話した。

震災発生数日後のことだ。今だったら誰もが通常に取材するだろうが、当時の朝日新聞神戸支局に集まった記者やデスクは、そんな発想をする人間はいなかった。私の指示を聞いていた大阪本社のデスクは、何をやっているのかと笑った。しばらくは避難所と被災者の生活実態を書き続けます、と私は言った。私が意図する意味が、理解できなかったようだ。

国際都市神戸は、一方で神戸株式会社と表現されるように、開発至上主義を続けてきた。高層ビルを建てて都市化を図り、企業誘致をしていた。バブル経済に乗って、神戸の街づくりは成功した、ともてはやされていた。

だがコンクリートの街並みは、崩壊するとたまらない。

市民たちは日中、道路のひび割れた場所から漏れて出てくる水道管から水を集めて容器に入れて飲み水などに使った。まだ給水車も来なかった時期だ。夜中になると、示し合わせたようにどこからか繁華街にやってきて、その建物裏で用を足した。おしゃれな神戸を象徴するアーケード街で私が見た光景だった。

その中でも、一番深刻だったのは、やはりトイレ問題だった。重いテーマだった、と今でも考える。しかし排泄は汚いという考えが先だったから、紙面ではどうしても敬遠されがちだった。

　戦後の日本の繁栄や都市経営のあり方に、問題提起したのが今回の阪神大震災だったと私は思っている。被災者が見た繁栄の結果がどういうものだったのか、しっかりと見届けるべきだと私は主張した。そのためのトイレ問題だった。

　私は後輩記者たちに、都市生活で見えなかった都会の危うさが、避難所では見えてくるはずだ。それを記事にしようと呼びかけた。

　数日すると記者たちは、下水道に通じるマンホールを利用して作った簡易トイレの話や、簡単な椅子を利用して身障者用に作ったトイレの話題などを取ってきた。これを私はどんどん出稿していった。

　被災者の目で見た都市災害の実態を、原稿で書き続けようと自らに言い聞かせた。

もちろん、トイレの問題だけではなく、他のチームの記者たちと同様、避難所の実態とか、高層ビルの崩壊の話、自治体の危機管理の検証とか、様々な角度から取材し、書き続けていった。

　ただ一つのテーマとして、トイレに絞って被災者の目で一貫して書き続けたのは、私たちのチームだけだった。避難所の中でどんな状況が生まれているか、市役所が発表する数字には、一切出てこない話だった。

新聞というのは大きな組織だ。予期しなかった大事件が発生すると、全体をコントロールすることが、最初はできない。

デスク同士、キャップ同士の話し合いも十分にできないまま、取材が始まり、原稿を書き続ける。統制された紙面ではない。ただし悪い意味ではない。価値観が違う記者たちが、いろいろニュースを追いかけ、多彩な紙面構成であった方が良い。

だから現場で何が何だか分からなくなっている状態で、トイレ問題に焦点を当てようとした私の考えは間違っていなかったし、先見性のある価値判断だった、と今でも思っている。

私がこんなテーマを追いかけている傍らで、逆に大阪本社のデスクが好んだのが、エモーショナルな記事だった。

あるデスクは、若い記者たちに向かってこんな指示を出した。

「死んだ人間の数だけ、人間のドラマがある。そのドラマを書け」

この考えは誤りではない。デスクが言う「ドラマ」に応えられる原稿が出てくるなら問題はない。

大阪本社デスクは、ドラマの意味を、情緒的な意味でしか捉えられていなかったように思う。出てきた原稿は、結婚しようとしていたアベックの一方が死んでしまったとか、震災にも負けず新婚旅行に行ったとか、進学したばかりの神戸大学の学生の話とか、就職が内定した学生の犠牲者とか、そういった話を好んで出稿した。

二週間たち、三週間たち、一カ月ぐらい経過していった。そういうエモーショナルな記事が大阪本社社会面にどんどんと載り続けたのとは対照的に、逆に東京本社の紙面では、「東京で大震災が起こったなら」という内容の記事が多くなってきた。東京本社の社会や政治、経済、科学部の記者たちが、こちらの現場に来て書いた記事だった。同じ朝日新聞なのに、東京本社発行の紙面と大阪本社発行の紙面は全く違うようになった。

トイレ問題に焦点を当てた私たちの記事は、大阪本社の紙面だけで扱われるケースも目立ち、ましてや東京本社紙面では掲載されることはなくなっていた。

正直振り返ると、東京本社から現地に取材に入った記者たちは、大阪社会部の記事に次第に飽き始めていた。私も一度東京に戻って、今度は何ができるか検討したいと思った。

東京本社の紙面と大阪本社の紙面の差は、現場が阪神中心であったことで、大阪特有の紙面作りが反映された一方で、大都会トーキョーを抱えた東京本社は、国の中枢機能があるトーキョーで災害に遭った場合を想定しての紙面作りになった。

同じ会社の紙面なのに、そして同じ事件なのに、本社間の姿勢、考えが違ったために、紙面に格差が生じてしまったのだ。

▼抜け落ちた神戸の状況

もう一つ大切なことを記したい。

今振り返って気づくのは、震災発生当初、同じ所在地なのに、神戸の被災状況がほとんど紙面化されなかった、という事実だ。読者は気づいていただろうか。

阪神大震災発生直後の社会面は、各社ともなぜか神戸の話よりも、より東側の西宮や尼崎、宝塚などの都市の話が中心となっていた。

大阪本社デスクが部下に要求していた原稿は先ほども述べたように、結婚しようとしていたアベックの話や、親と死に別れた子供の話などだったが、多くは西宮、尼崎などの自治体を持つ阪神支局からの出稿だった。

似たような話は実はいっぱいあったのだが、神戸の話だけは当初ほとんど載らなかった。

これはなぜなのか、分かるだろうか。

そう、取材の地の利の差だった。神戸と他の都市の取材環境が全く違っていたのだ。

私が一カ月ほど神戸支局を拠点に取材し、新たな指示で阪神支局に転戦するまで気付かなかったが、神戸支局と阪神支局などは取材環境に雲泥の差があった。

神戸市が陸の孤島になっていたのに対し、尼崎や西宮は、大阪との道路が寸断されずに結ばれていた。渋滞はあったが、物資が大量に運ばれてくるから、食事もアルコール類も自由にとれた。同じ被災地なのかと驚いた。水はまだ出ていなかったが、風呂に入ろうと思えば、深夜タクシーで大阪のサウナにでも行けた。アルコール類は疲れた身体を癒やしてくれた。未だに神戸支局で寒い思いを続けている仲間のことを思い浮かべながら、体を温めることができた。

同じ現場なのに雲泥の差だったのだ。それだけ神戸の方が悲惨だった。悲しいことに、その実態の差に、神戸に行かない記者やデスクは気づいていない。

取材環境が良かった分、西宮、尼崎などの取材だけで、神戸のことを全く無視して書いたからたまらない。電話回線が十分に確保できないままだったという悪条件もあったが、デスク同士の横の連絡も悪すぎた。

現地主義というか、「神戸の事は神戸支局の記者が書く」が鉄則だが、応援に入った記者たちは、取材がしやすい西宮、尼崎、宝塚など周辺都市に行って、われ先に原稿を書こうとした。そして付け足したように、神戸市役所や県庁に簡単な電話取材をして、安易な紙面を作った。実際に紙面になったのは、神戸への実態に触れないままの被災地リポートだったのだ。

これは紙面を統括する本社デスクの責任と言って良い。

震災発生直後は、原稿を送ることができる場所から、次々と送れば良い、と私も思う。しかし同じ被災地ながら、デスク同士の連絡も悪く、神戸での取材が進まない中で、原稿が先に手元に届いた西宮、尼崎、宝塚などの現状だけで紙面を埋めようとした嫌いはなかったか。

こうした大阪本社の紙面を見るにつけ、私は「これでは神戸で取材した者は浮かばれない」と思ったものだ。

各社ともそうだったが、神戸市の実態を当初は把握できず、非常にアンバランスな紙面構成だった。地震発生直後の紙面から、なぜ神戸の実態が抜け落ちていたかは、以上の理由による。

▼新聞人の役目

外部に現地の情報を伝えていくのが我々新聞人の役目の一つなら、もう一つの役割として、被害者や被災者に役立つ生活情報を提供することがあったことだろう。

しかし、阪神大震災でいうなら、形だけの生活情報の欄はあったが、本当に役立つ記事は当初、一部の紙面でしかお目にかからなかった。ある新聞社の地方版紙面を見て感心したのは、この日営業している公衆浴場という一覧表を載せていたことだ。

同業者から見ても手間のかかる欄だったと推測されるが、こうした情報に、現地の被災者が飢えていることになぜ気づかないのか、と私は思った。

先ほどのトイレの話ではないが、「本日使えるトイレはここです」というコラムがあれば、それはそれで貴重な情報だったに違いない。こんな些細な、かつ重要な事実に気づかなくては新聞記者として失格なのだろう。

一方でＮＨＫが教育テレビなどで、安否情報を流し続けたのも評価できるだろう。もっとも持っているチャンネルが複数あるという強みがあるだけのことだ。

阪神大震災が、東日本大震災と違うのは、都市災害だったということだ。都市の安全がテーマになるはずだった。

都市災害というと、古くは東京・板橋ガス爆発事故、大阪天六ガス爆発事故、静岡地下街ガス爆発事故などがある。多くの場合は開発至上主義の中で疎かにされた安全対策が、事件事故となってクローズアップされた。

阪神大震災にしても同様だ。新幹線にしろ、高速道路にしろ、コンクリートは崩壊するという指摘は、以前から一部で言われてきたことだし今に始まったことではない。

さらには都市の安全問題には、地方自治が密接に絡む。都市計画をどう組み立てていくかは、安全を抜きには語れない。

そして、地方自治の危機管理のあり方はどうすべきか、が問われてくる。地方分権のあり方まで再度議論する必要がある。中央に権限をとられてしまい、一つの自治体だけでは身動きも取れない中にあって、地方自治体の危機管理はどうすべきなのか、というテーマの記事は残念ながらあまり見当たらない。

当時の兵庫県知事は、官僚出身者で、地方分権論議では論客として通ってきた。今から思うとブラックユーモアだった。中央官僚では、この戦後の危機に何の対処もできなかった。

東京に戻り、私は再び被災地に向かい、地方自治体の危機管理をテーマにしたルポを同僚と書いた。食料、水、毛布などの準備、防災計画などどうなっているかを紙面で検証した。

阪神大震災は日本の地方自治、中央政府への新たな問いかけでもあった。今でもそう思っている。


（了）

（この項は『マスコミ市民』一九九五年九月号などに書いた原稿を改稿・加筆したものです）

E オウム事件と張り番

▼張り番

大量の死傷者を出した無差別テロである東京地下鉄サリン事件が起きた翌々日だった。

私は、山梨県上九一色村にあるオウム真理教（当時）の教団施設「第三上九」の目の前にいた。教団が呼ぶ「第七サティアン」いう大きな建物のバックには、富士山が大きく見えた。一九九五年三月二十二日のことだ。

午前五時過ぎから、仲間の記者とともに、周辺にずっと立って動きを見守る張り番をしていた。教団施設に対する警視庁の強制捜査がある、という指示だった。

正直な話、これが東京地下鉄サリン事件の容疑なのか、それとも目黒公証役場事件の容疑なのか、我々現場記者に対する詳しい説明は、その時点でデスクからなかった。

あったのは、とにかく、警視庁がガサ入れ（家宅捜索）するという情報だけだった。その情報のために、多くの記者が東京本社から投入された。大がかりな捜索のため、施設周辺に多くの記者を張り番として配置し、目の前で見た情報を前線本部に連絡するという仕事だった。前線本部として民宿を借りており、前線デスクとして社会部デスクとキャップが張り付いていた。そして前線本部にいるキャップに無線で逐一情報を上げていくという役割をすることになっていた。

前日の打ち合わせでは、万一の不測の事態に備えて、

「取材よりも生命優先で行く」

として、

「何かあったらとにかく逃げろ」

という指示があった。

正直言って、多くの記者は内心、

「サリンがばらまかれるのではないか」

という不安を持っていたのも事実だった。

タオルや手ぬぐいも渡されて、サリンがばらまかれたら、これで口を塞ぐことと指示も出された。今考えると、かなりいい加減な安全対策だった。

私たちは、着の身着のままで現場に行かされたため、会社側が用意した防寒コートと長靴、

雨がっぱ、軍手などを着用し、警視庁の家宅捜索の行方を見守り続けた。

ガサ入れは午前七時から始まった。我々報道陣の目の前に現れたのは、先頭にカナリアを入れた鳥かごを持つ、防毒マスク姿の警視庁捜査員の一団だった。固唾を呑んで見守る記者たちの前を捜査員は無言で通りすぎる。やがて建物の入り口で捜索令状を示して中に入ろうとした。異様な光景だった。警視庁発表で二千人もの捜査員を投入していた。連合赤軍の浅間山荘事件以来の規模だった。

後に知ったが、容疑はその年の二月二十八日に発生した目黒公証役場事務長が拉致された事件で、オウム真理教幹部が事件にかかわった逮捕監禁容疑だった。警視庁はこの幹部を全国に特別指名手配するとともに、これまで数多くのトラブルを発生させていたオウム真理教への強制捜査を決定したのだった。

捜査員に抱きかかえられるようにして、医師らが逮捕され、衰弱した信者が保護された。もちろん現場で警視庁のレクチャーなど何もないから、逮捕なのか保護なのか全く分からなかった。ただ目の前で起きたことを無線機で報告するだけだった。ただただ寒かった。

▼続く捜索と搬出

東京地下鉄サリン事件の前には、松本サリン事件が起き、警視庁はサリンとオウム真理教教団の関係を次第に重視していった。そして一九九五年一月一日の読売新聞は、上九一色村の教団施設でサリンの残留物があることを警視庁が突き止めた、という特ダネを報じていた。その流れの中での家宅捜索だった。

各マスコミは新聞もテレビも記者やカメラマンを大量に現場周辺に張り付けた。上九一色村にあるオウム真理教の施設すべてが捜索の対象になった。特に、「第二上九」「第三上九」と教団が呼んでいた施設の捜索が連日続いた。第二上九では、ドラム缶に入った大量の化学物質が見つかり、何日も何日も捜索と搬出作業が続いた。

我々張り番記者は寒い中を、無線機を片手に、その情報を前線本部に送った。ドラム缶が搬出されるたびに、その種類と量を報告する日々が続いた。

寒かった。凍えそうな中で、捜索が続いた。数日前から、雨が降り、雪に変わった。会社が用意したコートや長靴だけでは、寒すぎた。手がかじかみ、ノートを取るどころではなかった。会社から与えられた長靴は経年劣化して、ひび割れがして、溶けた雪が長靴の中に入ってきた。

猛毒ガス、サリンがこの現場でばらまかれるかもしれないと、ガスマスクや酸素ボンベを記者たちに配った社も多かった。その時その時の風向きや、風下、風上に注意して、万一逃げ出すには、風上に向かって逃げろ、と注意した社もあった。しかし風が吹く方向は一定ではなかった。

警視庁情報では、死体が三百人も出る、という話が一時あった。それも冷凍死体だという。そのため土を掘り返すためのショベルカーが運ばれてきたが、死体は何もなかった。現場で発表らしきものは、ほとんどなかった。捜査員たちは無言で建物内に消えていく。

現場では、我々取材チームのほか、テレビ局のワイドショーのリポーターたちも交じっていた。同じ腕章をしていたから、取材チームなのか、ワイドショーのチームなのか区別ができなかった。差別するわけではないのだが、ワイドショーのリポーターたちは、ただ大げさにリポートしているだけで、地道に取材している雰囲気はなかった。取材で使うマイクを持った自分が主人公だ、という意識が見て取れた。雨や雪で現場がぬかるんでいるのに、ミニスカートにブーツという場違いな女性もいて、驚かされた。やらせも目に付いた。

そんな中で、私は双眼鏡を手に、ドラム缶に書かれたある文字列を読み取った。「ポリペプトン」と書かれていた。意味がわからなかったが、意味があるものだと思い、その文字情報を無線機で前線本部に送った。そのポリペプトンが化学兵器の材料になると後で知った。教団側は化学兵器まで製造しようとしていたことに驚きを持った。私の情報を東京本社社会部の記者たちが取材を重ねて、特ダネとして報じた。

また建物の敷地内で捜査員の動きがおかしいことに気づいた。頭や帽子しか見えなかったが、敷地を通常に歩けば、平行移動するから常に頭は見える。しかし何回も見えたり見えなくなったりしていた。そう、上下の動きがあることに気づいた。本社ヘリを飛ばしてもらい、上空から敷地内に地下室があることも確認出来た。

たかが、張り番だが、何の意識もしないで、単にボーッと立っているだけでは、張り番の意味はない。対象となる捜査員の動きを逐一報告することが大切だ。ポリペプトンの情報にしても、他社も何人もが見ていた。それでも特ダネになるかならないかは、張り番記者の問題意識による。

張り番は究極の現場取材だ。

余談だが、張り番担当が終わり、本社に戻った私を、仲間が「ペプトン原」と呼んでいた。私にとっては称号だと思った。張り番でも特ダネは取れるということだ。

他社から言わせると、「朝日新聞は高性能な双眼鏡を持ってきたらしい」ということになっていた。高性能な双眼鏡など持っていないし、使っていなかった。

今振り返ると、こんな笑い話もあった。次々と運ばれていくドラム缶にはペンキで青や赤、黄色などの色が施されていた。私と同じ施設の反対側で張り番をしていた後輩記者がそのドラム缶の色を無線機で報告するのを聞いていて、私はこんな冗談を言った。

「●●君のトランクスのようですね」

すると彼はこう答えた。

「僕のはもっと派手です」

私たちは笑った。寒すぎるのだ。冗談を言ってもおかしくない。米ハリウッド映画のアクションシーンでも究極の場面で笑いを誘う場面はある。

しかし次に無線から出てきたデスクからの言葉は、こうだった。

「ふざけるな」

冗談は通じないな。そう思いつつ張り番は続いた。


このデスク、張り番が始まる前日夜に前線本部に部下の記者たちと一緒に来た。差し入れをしてくれたが、中身を見て驚いた。五十人の記者が集まったのに、缶ビールわずか一缶だけ。エッと私は驚いた。だれが飲むのだろう。五十人も記者がいるなら、缶ビールを一箱持ってくるのが常識だろう。私は目を疑った。結局その缶ビールはだれも飲まなかった。朝日新聞には常識が通用しない人間がいるとつくづく感じた。

張り番は連日続いた。朝から夜まで、教団の施設を見て、家宅捜索の様子を観察し、前線本部に情報を送った。夜はハイヤーに分散して前線本部に戻り、前線本部である民宿の風呂に入り、夕食をとった。翌日朝また張り番の現場に戻った。当然、ハイヤーの運転手も何人もがその前線本部に泊まっていた。

そのころからか、教団に対する家宅捜索容疑が、殺人予備罪に切り替わって、私が当初から抱いていた疑問は決定的になった。

そう、これは刑事警察ではない、公安警察の手法ではないかと。

家宅捜索を何回も何回も繰り返し、マスコミを釘付けにする手法。カナリアを持ち込んで、「危険ですよ」と演出する手口。警察の捜査に、批判など一切できないような雰囲気を作り上げた。全マスコミが協力してくれる事件など、一九六〇年代の過激派事件ぐらいなものだろう、と思った。

冷静に考えて、戦後の事件でも、これほどの別件捜査はないだろう、と私は今でも考える。マスコミは絶賛こそすれ、批判できないのはなぜか、と今でも思ってしまう。

どんなケースでもそうだが、張り番記者は総じて物事を判断する立場にない。与えられた仕事をこなすだけだ。何時間も立って、目の前で起きた出来事を報告するだけだ。変な解説は付けない。判断は前線本部デスクや本社デスクが行う。

前線本部に戻り半日遅れの新聞記事を読むと、オウム真理教の信者が次々と逮捕されていることを知った。

警察当局が、あらゆる法を適用して捜査するとして取った行動は、あらゆる別件逮捕だった、ということだ。住居侵入といい、私文書偽造といい、詐欺といい、消防法違反といい、現場の我々ですら驚く内容だった。実に軽微なものばかりなのだ。オウム真理教信者であるというだけで、だれでも逮捕される。これだったら立ち小便しただけでも逮捕されるな、と我々は現場で話していた。

いつの間にか容疑が殺人予備罪に変更された。サリンなどの猛毒を所有した場合に適用できる、という判断だったというが、当初の捜索は目黒公証役場事務長拉致事件の捜査のはずだった。いつの間にか、サリン事件の捜査になってしまった。壮大な別件捜査だった。捜査当局からすれば、あらゆる法律を解釈して適用したということなのだろう。

この事はもっと、検証されても良い問題だったはずだ。

▼張り番とは

この張り番で思い出すのは、昭和天皇の危篤に対して各社が動員した門番記者だろうか。一九八八年秋から翌年一月まで及び、各社は交替で門番記者を張り付かせた。

多くは各地の支局から集めた若い記者だった。皇居周辺で出入りする関係者の車両のチェックを交替でするのが主な仕事だった。無駄な仕事だったとは言えない。「モンバン」という言葉が有名になった。当時私は、朝日新聞浦和支局に勤めており、埼玉県警の担当キャップだった。門番のために、部下の若手記者が一人、二人と取られていくため、県警担当者が私一人だけになったこともあった。連続幼女誘拐殺人事件の被害者が既に出ており、どう対応していいのか、かなり深刻に悩んだ。

張り番と言えば、古くはロッキード事件の張り番が有名だ。若い記者が全国から集められた。児玉番記者もその一つだ。ロッキード事件の容疑ルートの一つ、児玉ルートの中心人物として、昭和のフィクサー児玉誉士夫の邸宅前に張り付いた。その児玉邸に小型セスナ機が突っ込むハプニング事件も起きた。詳しいタイトルは忘れたが、毎日新聞社からは『児玉番日記』という本が出ていた。面白い内容だった記憶がある。

張り番で動きを察知したら、それが具体的には、どんなことなのか、どんな関係者が呼び出されるのか。逐一報告するのは、昔から役目は同じなのだ。

もう一つ。

この張り番記者を支える後方支援も大切だ。これが十分でないと、取材体制は崩壊する。後方支援とは、張り番記者に対する食料や着替え、生活用具などを手配する担当部署のことだ。弁当が届かない、飯がまずい、たまには野菜も食べたい、風邪をひいたが薬がない、などなど、現場の記者からの注文に効率よく取材する体制を支える部署だ。

当時の朝日新聞は編集業務部という部署が対応していたが、ひびが入って水漏れする長靴を点検もしないで持ってくるなど、現場記者の不満は大きかったことを思い出す。他社はガスマスクも用意していたのに、だ。

朝日新聞が少なくとも十分な後方支援をしていた、とはお世辞にも言えなかった。

（了）

（この項は『検証！　オウム報道』〈現代人文社〉で私が書いた「悲しいかな張り番記者」などを参考に新たに書いたものです）

F

澤地とのやりとりと死去

▼病　死

あれだけしたたかだった男が亡くなった。

東京拘置所に在監していた元警視庁警部で死刑確定囚、澤地和夫。六十九歳だった。二〇〇八年十二月十六日、法務省が発表した。胃がんの治療中で、死因は多臓器不全だった。

元警視庁警部による強盗殺人事件で、一審、二審とも死刑判決を受けて、最高裁に上告していたが、突如として上告を取り下げて、自ら死刑を確定させていた。死刑問題を取材していた私はその前後の澤地の気持ちを知ろうと、東京拘置所の澤地本人と手紙などでかなりのやり取りをしてきた。死刑囚として死刑制度を自ら肯定しながらも、死刑執行再開のサインをした当時の法相、後藤田正晴を批判していた。上告の取り下げについても独自の解釈をしてみせていた。

その澤地が病死するとは、思いもよらなかった。病死したことで、彼なりの生き方で死刑執行は避けたことになる。

かつてはロッキード事件で元首相の故・田中角栄が、巨額脱税事件では元自民党副総裁の故・金丸信が拘置された東京・小菅の東京拘置所。その東京拘置所に在監している確定死刑囚の中に、澤地和夫がいた。彼との出会いは、一九九二年のころだ。私が新たに死刑問題の取材を始めてからだった。

まだ死刑判決が確定していない未決囚だった澤地は当時、強盗殺人事件の被告として、一審、二審とも死刑判決が出て、最高裁に上告中の被告の身だった。

何よりも彼が有名だったのは、彼は警視庁の元警部だったことだ。現職ではなかったにせよ、「元警官が強盗殺人」というのは、まさに犯罪の中の犯罪として、世間の注目を集めたのだった。

彼は当時マスコミを相手に裁判を起こしたり、週刊誌に手記を発表したりと、盛んに世間を挑発しているようにも見えた。一種の獄中闘争、否、獄外闘争とでもいえようか。有名人だったのだ。当局にとって澤地という存在は権力に抗する厄介な人物と映ったことだろう。

そんな澤地との出会い、とは、いささかオーバーな表現なのかもしれない。だが私にとって、澤地という存在は、やはり「出会い」そのものだと思っている。死刑問題に関心を持ち始めてかなりの年月が経過するが、澤地のような、よく言えばエネルギッシュな人物にそれまで出会ったことはなく、とにかく言うこと、やることが、私のような人間の予測を超えてしまうすごさがあった。

近年まれに見る死刑執行ゼロという記録が続いていたものを三年四カ月でストップさせ、死刑執行再開のサインをした当時の法務大臣、後藤田正晴を週刊誌で批判したり、抗議のために上告を取り下げて自ら確定死刑囚になってアピールしてみたり、常人の感覚では測りきれない行動力としたたかさがあった。だからこそ、彼は犯罪に走ったのだし、だからこそ自ら進んで確定死刑囚になってしまったのだ、と今でも思う。

だが、今はもう、そのエネルギッシュな澤地に直接会うことは不可能になってしまった。

それにしても彼が上告を敢えて取り下げて、自ら死刑確定囚になった真意は何だったのだろうか。

▼生い立ち

本人からの協力があって書かれた『手錠・ある警察官の犯罪』(宍倉正弘著、講談社文庫)には、岡山県の山間部の小学校に通っていた澤地について、「いつも自分の存在を意識していて、なにかにつけて前に出たがる子どもであった。この性格は、警察官の生活を送るようになっても、変わることはなかった」との記述がある。

澤地を知る人間の多くは、澤地のことを、自己顕示欲が強く、自信家、プライドが高く、頑固、親分肌、派手好きなどと評していた。

高校卒業後警視庁に入り、その多くを機動隊生活で費やした。

警視庁在職中は同僚の結婚式の仲人や司会を何回もやったことが自慢の種だったし、子供のPTA委員会の役員にもなるなど、あらゆる場面に出ていった。彼の性格そのものだったのだろう。四十歳で退職している。

警視庁を辞めた後、飲食店経営に乗り出すが、経営に失敗し多額の借金を背負ったことが原因で、共犯者とともに八四年、宝石商と金融業者を殺害してしまう。強盗殺人・死体遺棄罪などで逮捕・起訴され、一、二審とも死刑判決を受け、上告していた。

澤地は上告を途中で取り下げたため、二審の東京高裁判決が確定した。澤地の犯罪事実を二審認定事実から紹介する。

澤地は一九五八年以来二十一年間、機動隊を中心とした警備畑を歩いてきたが、警察部内における将来に見切りをつけて脱サラを志して、一九八〇年一月、警部昇任と同時に退職。退職した当時、住宅ローンなどのほか、同僚の住宅購入資金八百万円を預かって使い込んでしまい、退職金で返済に充てている。

脱サラを目指した澤地が手がけたのが、東京・新宿駅西口近くのビルの地下一階と三階を借りての大衆割烹の飲食店経営だった。しかし間もなく経営不振に陥り、借金を重ねて八三年八月には、約一億五千万円もの負債を抱えて閉店させている。その後は不動産ブローカーの手伝いや興信所を始めるなどしたが、借金返済の催促を受け、憔悴し切った澤地が選んだ道が、犯罪による金儲けだった。最終的に強盗殺人事件に走るのだった。

一九八四年十月、澤地は仲間二人とともに宝石商を山中湖畔の別荘に誘って首を絞めて殺害し、所持金七百二十万円と時価合計四千五百万円の株式保護預り証などを奪った。

さらには、そのうちの一人と、金融業者の女性を融資話を口実に誘い出して、澤地が運転する車の中で、仲間に首を絞めさせて失神させ、さらに澤地本人が絞殺。現金二千万円、残高百七十七万円の預金通帳、計二千七百万円の衣類などを奪った、というものだ。

《極めて計画的で冷酷無惨な犯行であり、被害者本人の無念の情、遺族の被害感情の深刻さは自ずから察せられるというべく、いまさら多くを言うまでもない。そして被告人はその首謀者である。元警察官でありながら、巨額の借金を苦にしたあまりのこととはいえ、このような重大犯罪を企て、金銭欲のため貴重な人命を二人までも奪った責任は、あまりにも重いというほかはない》

さらに、澤地はほかにも同様な事件を企て何回か失敗していることを指摘してこう表現する。

《本件前後の被告人の心情には、人倫の一片さえ見出し難く、被告人自身が認めているように、金銭欲の鬼と化していたものと見られるのである》

判決では、こうした犯罪に走った澤地の飲食店経営の失敗について述べている。

開店当初は警察関係者のご祝儀的来店が多く、繁盛しているかに見えたことに気を良くして、自分の遊興費を多くさせ、旧知の者に派手におごったりして、さらには店のアルバイト女性と関係を持ち、マンションに住まわせるなど、収支を十分把握しないまま浪費を重ねるようになっていた、という。借入金の元利支払いが始まるころには逆に客足は少なくなり、毎月のように大きな赤字が出るようになっていた。

このような点から、情状面を訴えた弁護側の主張を退ける。

《借金苦というのもその原因は、被告人のこのような目にあまる放漫杜撰な経営及び生活態度に帰せられるべきものなのであり、しかもその解決策として本件のような犯行を思い付き、かくも執拗に遂行したというのは、健全な良識のある人間の行動とはあまりにもかけ離れたものであり、被告人のバランスを欠いたものの考え方、ひいては人格態度の至らなさを示すものとして、極めて厳しい非難を免れないのであって、結局所論指摘の点も、本件犯行のあまりにも甚だしい重大性、凶悪性と対比すれば、さほど斟酌すべきものとはなし得ないのである》

▼面　会

澤地に、私の同僚記者が最初に面会したのは、一九九二年十一月のことだった。

澤地は何人かの記者に手紙をいろいろと送りつけていた。私の同僚への手紙には、こう綴っていた。一審判決で死刑判決を受けた時の心境などだ。

まず、「二十二年間、国民の生命と財産を守る警察行政の一線を務めた」と説明。様々な凶悪事件にかかわってきたせいか、自分が強盗殺人事件の被疑者として逮捕された時点から、判決は死刑であってもやむを得ないと、自分なりに分かっていた。死刑イコール死という点についても、とくに恐怖感はなかった、という。

だが、判決当日、裁判長の口から実際に「主文、被告人澤地和夫を死刑に……」と言い渡された時、それこそハンマーか何かで後頭部を強打されたような、何とも表現しがたい衝撃を受けた。

澤地はその理由を、私への手紙でこう綴っている。

「それは恐怖といったものではなく、かつては法の番人の一員だった自分が、こともあろうに死刑囚という最底辺の人間に陥ってしまった、という、まさに慚愧《ざんき》に堪えないという、自分自身への悲しみの念から出たものなんです」

こんな手紙をふまえて、同僚記者が面会した。

東京拘置所の面会室は三畳ほどの広さだ。面会者はカウンターの前の折り畳み椅子に座り、プラスチック板と金網の仕切りをはさんで、在監者と向かい合う形になる。

「安易な死刑制度廃止論に、私は反対なんです。もう少し言うと、死刑の執行には反対ですが、刑罰としての死刑判決は必要だと思うんです」

澤地はいきなりこう切り出した。

後に死刑確定囚となる澤地が、面会室の金網越しに、死刑制度は必要だ、と熱弁をふるっているのだ。

「犯罪を犯した被告に対して、『君の犯した罪は死刑に相当するのだ』と宣告する。社会的な評価として、被告人本人にはっきりと宣告して、それを認識させるところに、死刑判決の意義があるんですよ」

「死刑相当事件として裁かれる立場である身で、死刑問題についていろいろ言及する資格はないかもしれません。でも、死刑制度は安易に廃止すべきではないと思います」

澤地の言う「死刑制度容認論」は後に述べるとして、実はこの時澤地に接触し始めたのは、澤地が最高裁への上告を取り下げる準備を始めた、という情報を得たからだ。上告を取り下げること自体、新聞社会面へのニュース価値はそれほど大きくないのだが、ただ積極的に取り下げることへの興味が私たちにはあった。

言うまでもないことだが、日本の裁判制度は三審制だ。一審地裁で死刑判決を受けた被告の多くは、二審高裁に控訴する。そして二審でも死刑判決が出されると、最高裁に上告する。判決内容に誤りがあったり、不満があったり、というのが上訴理由だが、要するに多くの被告は、死刑判決から何とか逃れたい、と思っているのだ。そして人間の生命を奪う刑罰だからこそ、弁護人も上訴の手続きを取るし、死刑判決を出した当の裁判官も上訴を被告に薦める。一、二審で死刑判決を受けた澤地が、最高裁に上告したのは当然の成り行きだった。

ここできちんと整理したいのは、死刑判決を受けた被告と、死刑判決が確定した死刑確定囚は、まったく違う存在である、という点だ。死刑相当事件を犯して起訴された者も、死刑判決を受けた者も、そしてその判決を不服として控訴や上告した者も、さらには死刑が確定した者も、同じ拘置所に在監するのだが、死刑確定囚と、それ以外の被告は、身分がまったく違う。

決定的に違うのは、死刑確定囚に対する外部交通権が著しく制限されている点だ。被告の身分が死刑確定囚に変わった途端、当局側はこれまで接見できていた人間を排除し始める。死刑囚に会える者は極端に制限される。

そんな澤地が、上告を取り下げようとしている、というのだ。

上告を取り下げれば、そのまま二審の死刑判決が確定する。つまり間違いなく死刑執行は早まる、と私たちは受けとめた。自ら死刑の時期を早めることは、通常だったらあり得ないこと、と私たちは思い込んでいた。ましてや、したたかな澤地のことだ。死刑が確定していない身分と、死刑確定囚の身分には雲泥の差があることを身近に知っているはずだ。

その澤地が自ら進んで死刑確定囚になろうとしている。

そんな情報は正しいのか。なぜ今さら、と受けとめた。

その澤地が死刑制度はあった方がよい、と言った上で、上告取り下げの決意を披露しているのだ。

▼上告取り下げ

澤地は上告取り下げの準備をしていることを認めた上で、その理由をこう説明した。

「死刑は必要だとする理由の一つに、被害者感情というのがありますね。これには色々な意味があると思う。たとえば、純然たる被害者や遺族の悲しみ。そして、マスコミ報道で高まった一般大衆の同情心などです。さらには、裁判上での被害者感情というものがある。これは、実際にそういう感情が強いかどうかは関係なく、検察官が裁判上のテクニックとして、被告人に重刑を科すために利用するんです。だから自分は、主犯として最終責任をとる、つまり宣告された刑に服することで、この裁判上の被害者感情を軽減し、（やはり死刑判決を受けている）共犯者の刑を軽くしてもらおうと思うんです」

最初に届いた私への手紙にも、こう書いていたし、それは面会した同僚記者にも、同じように述べたのだった。

週刊誌にも公表した「上告取り下げ書」には、死刑に対する独特の考えが一貫しているようだ。

「上告取り下げ書」では、「共犯の○○○○君（取り下げ書では実名）の減刑を嘆願するため、以下の理由により上告を取り下げるものである」として、こんな表現がある。

《「死刑の是非」が問われる時に避けて通れないものとして「被害者感情」がある。今の私の立場で言ってはならないことと承知しているが、本件での「被害者感情」は重大事件であるにもかかわらず、なぜか一度たりともマスコミによってこの点の報道がされていない》

《「被害者感情」といってもいろんな意味があると思う。たとえば、まさに純然たる被害者や遺族である人たちの哀しみの感情は当然であろうし、又、マスコミ報道などによって高まった一般大衆の、被害者への同情心という形もある。

さらに、被告人にとってもっとも決定的なマイナス要因となる裁判上での「被害者感情」というものがある。（中略）この「被害者感情」なるものがかなり希薄であるにもかかわらず、検察官は裁判上のテクニックとして、被告人に重刑を科すためにこれを利用している感がなきにしもあらずである。

そういう場合の「被害者感情」というのは、ある意味においては、犯罪者への偏見を生みだす要因となるし、かつ、公正な裁判に支障さえ及ぼす、いわゆる「犯罪者差別」をつくりだす一因ともなる。

そこで本件にあってもこの「被害者感情」を多少なりとも払拭する一つの方策として、主犯である私が最終責任を取る意味においても上告を取り下げ、宣告された刑に服することを決意したものである》

澤地がここで述べていることは正しい、と思う。

これは司法担当記者なら分かることだが、死刑相当事件では、法廷で「被害者感情」という言葉がよく使われている。凶悪事件の有罪判決には、必ず使われる言葉だ。

澤地はそのことに反発している。それだったら、自分が上告を取り下げて、死刑を甘受すれば、共犯者への刑事責任が軽くなるはずだ。こんな考えなのだろうか。

だが、それにしても今一つ上告取り下げの理由は、外部には分からない。

澤地が述べるその理由に、私は引っかかりがあった。失礼な表現だが格好良すぎるのだ。伝わった情報によれば、一つには上告を取り下げることで、澤地が犯した強盗殺人事件の共犯者の情状酌量を期待したいということ、もう一つには死刑執行再開のサインをした法務大臣、後藤田に対する批判だというのだ。本当にそれだけなのだろうか。

その澤地が実際に、最高裁への上告を取り下げたのは一九九三年夏のことだ。最高裁への上告を取り下げる、と弁護人などを通じてマスコミに連絡したのは、その一カ月前の五月のことだった。

死ぬ恐怖から逃れるために最高裁まで争う死刑囚が多いのに、上告を取り下げ、それをマスコミにアピールする方法。これにはどんな意味が込められているのだろうか。

まだ分からない部分が多かった。

上告を取り下げて死刑が確定してしまえば、澤地との接触は不可能になる。私は焦っていた。

取り下げ理由として、弁護人の小室恒弁護士は新聞記者のインタビューでこう説明した。

「死刑判決を受けて上告中の共犯者の減刑を求めるのが、大きな理由だが、死刑執行を再開した後藤田法相への抗議の意味もある」
確かに澤地は、週刊誌への手記で、死刑執行を再開した後藤田をこう批判している。
《裁判結果に忠実に従ったり、世論の下僕となるのが政治家ではないはずです。政治家というのは、法律に拘束されている裁判官とは違う、いわゆる「政治哲学」からの判断において、執行の是非を問うべきではないでしょうか》
《あなたが強調する「やらなければ（執行しなければ）国家体制の秩序が揺らぐという、さらなる大きな問題を含むことになる」という考え方、それは、あなたが長い警察官僚生活を通じて培った、まさにあなた個人の思想と信条から生まれたものです》
《さて、大臣、あなたがひとつ見せしめとして私を早期に執行し、そのことで「死刑制度」の問題が国民的レベルで真剣に討議される火種になるのなら、私の死刑は決してムダではないと信じます。
大臣、かつての部下の部下の……そのまた部下であった私を犠牲にすることで、わが日本も、西側先進国同様、野蛮で残虐な刑罰である「死刑の執行」をしない国家に発展させ

てください》

（『アサヒ芸能』九三年六月三日号）

そう、澤地は後藤田の部下の部下の部下だった。後藤田は警察庁長官で、澤地は警視庁機動隊員だった。その反発が読みとれる。

上告取り下げを決意している、という情報が流れ始めたのは、一九九三年四月。その一カ月後、私の知り合いの弁護士が澤地に面会した。面会時間は二時間に及んだ。

そこで聞いたのは、澤地のしたたかさであり、計算だった。私自身、最初は理解できなかった。

その澤地の計算とは何なのか。

澤地はその弁護士にこう話したという。

「死刑判決の場合、最高裁まで争わない方が、なかなか刑が執行されないんです。私も、上告を取り下げることで、執行の時期が遅くなるはずです」

その話を聞いた時、私はエッと聞き返したものだった。

死刑確定囚になることが、執行を遅らせる手段だというのだ。

「うーん」と私は考え込んでしまった。

確かに、上告を途中で取り下げたりした死刑囚の方が、最高裁まで争った死刑囚より、執行が遅い。その時はそう思った。

断定すべき資料も統計も材料はないのだが、これは取材の経験則だった。取材してきた者にとって、論理的に説明はできないのだが、そうした傾向が何となくある。漠然としたものだが、その時はあるらしいと思った。そのことに、私の知り合いも何人かは気付いていた。ただ、経験則は絶対的ではない。絶対的ではないが、そんな経験則はその時まではあった。

経験則から言えば、上告を取り下げたり、控訴を断念したりして、自ら進んで死刑確定囚になっていった人間に対して、法務省は執行には慎重になっているはずだ。死刑確定囚に対する記録のチェックは、関係者からは「四審制」と批判されるほどだ。法務省が一番恐いのは世論だ。特に冤罪に対する批判を恐れている。これが途中で上告を取り下げた者だと、刑事局付検事は執行起案書作りに余計に慎重にならざるを得ない。そんなことを私が担当した取材チームの一員も拾ってきた。

これはどういうことだろうか。

法務省では、死刑執行命令を下す法務大臣に起案書を提出する前に、刑事局付検事が関係記録をもう一度徹底的にチェックする。この作業は膨大な資料との闘いだという。最高裁での審理を経ていない事件では、とりわけ起案書作りに慎重にならざるをえない、という事情があるのかもしれない。このチェックで捜査段階の記録に疑問を抱いた局付検事が起案書を作るのを見合わせ、再審で無罪になった事件もある。

「上告取り下げは、『しぶとく生き続ける』という死刑囚の生き方に反する」と説得する弁護士に、澤地は反論した。

「途中で上告を取り下げたりして、最高裁まで争わない方が、刑がなかなか執行されないんです。よって私も上告を取り下げることで、執行の時期が遅くなるはずだ」

澤地はこう熱弁した。

この弁護士は、後藤田への抗議に加え、この推論を実践しようとして、澤地は身を挺して上告を取り下げようとしているのではないか、と振り返る。

「大変エネルギッシュな人間。率先して思ったことをすぐ実行できる人間。だからこそ、犯罪へと突っ走ったのかもしれないし、上告を取り下げようとしたのかもしれない」

取り下げを辞めさせようとした弁護士だったが、澤地の決意は固かった、という。

最後に述べるが、この経験則はすべての死刑囚に当てはまるわけではない。事実、昭和時代が終わろうとした一九八八年秋に恩赦を期待して上告を取り下げた死刑囚のうち二人は、わずか八年後の九六年十二月に処刑された。八年という数字は、通常の数字なのだ。

澤地の行為は暴挙なのか、したたかな計算づくなのか。ただ事件被害者への反省はみられなかった。

▼手　紙

弁護士の面会から一カ月後の六月下旬。私は、

「今ひとつ理由が分からない」

として、東京拘置所の澤地にその真意をたずねて手紙を出した。

丁寧な内容の手紙が返ってきた。分厚いコピーと一緒だった。

「やはり、みなさん、私の真意がわからないようですね。実は、取り下げを決意するのにいろいろとあったのですよ」

と始まる手紙は、便せん用紙九枚にびっしりと理由が書かれていた。


《私の判決が最高裁で変更することは一〇〇%ありえないこと。ならば、口頭弁論が入るまでは未決囚としてその処遇を利用させてもらい、口弁の打診が小室先生（筆者注・弁護士）にあった時点で取下げる。つまり判決は変わらないのだから、口弁が入った時点で取下げたところで、せいぜい半年ほど確定が早くなるだけのことです。だから取下げそのものは『清水の舞台から飛び降りる』程の決心ではありません。つまり、大したことではないのです。私にとれば》

また関係者に宛てた資料のコピーにもこんなことが書かれていた。

《ご承知のとおり、日本の司法は三審制をとっています。そして法務省の「死刑執行」に関する見解は、「日本では一審から最高裁までがそれぞれ慎重に、かつ十分に審理したうえで判決を確定しているのであるから、無実の人を誤って執行するようなことはありえない」と主張しています。私の今回の狙いは、その見解を覆すものでもあります。

つまり三審制の最後の要である最高裁の審理を避けた死刑囚に対しての執行は、どうなるのかということです。私は、その点に素朴な疑問を抱きました。そして過去に執行された人たちの状況を調べました。その結果は、大体同じ時期（とはいえ二－三年の差も含む）に死刑が確定している人たちの場合の執行は、最高裁の確定を受けている人の方が、いずれの場合も数年早いのです（ただし女性八人殺しの大久保事件のような特別の場合は別ですが）。みなさんも是非、この問題に関心をもって研究してみてください》

《ですから私は口頭弁論期日を遅らせる闘いよりも、執行を遅らせる闘いの方が重要であろうと考えて、今回の上告取下げに踏み切る決断をしたのです》

澤地の行動とその決意は、自ら死刑確定囚となることで、死刑制度の矛盾した部分を暴くことにもなった、ということだろう。私はそう感じた。

　この返事が来た後、私は何回か手紙を速達で東京拘置所に出した。しかし刑が確定してしまったからなのだろうか。速達は届かなかったのだろう、返事は二度と来なかった。

　後藤田による執行の再開で、死刑制度の問題が議論になり始めた時だけに、上告取り下げのニュースの扱いは私の予想以上に大きかった。上告を取り下げた段階で、二審の死刑判決が確定し、被告から死刑囚へと身分が変わった。

　死刑確定者がまた一人増えた。

　死刑廃止運動のメンバーたちは「澤地被告の独特な考えで、他の事件の被告まで巻き込まないでほしい」とつぶやいた。裁判の権利を放棄してはいけない、と訴えていた。

　同じ死刑囚からは、こんな意見も届く。

　連続企業爆破事件の死刑囚、大道寺将司は、澤地のこの行為について、母親宛ての手紙で、こう綴っている。


《少し前の話ですが、澤地さんが上告を取り下げて確定した件で、それは執行を避けるための方策だった、と『朝日』に出ていました。なるほど、三月二六日に処刑された人たちは全員上告審までいき、うち二人は再審も請求していた。一、二審で確定して処刑されていない人たちが何人もいる。澤地さんの考えもわかります。しかし、確定してしまうということは、法的には法務省（大臣）に生殺与奪の権限を与えることなんですから、未決の状態で延命策を講じるべきだったのではないでしょうかね》

（一九九三年七月二十九日付）

▼恩赦も

知り合いの弁護士から手紙をもらった。

澤地からの強烈なメッセージだった。

私の手元に、そのコピーが届いたのは、二〇〇〇年の春、四月のことだ。

「澤地さんのご依頼によりお送りします」

こんなメッセージとともに、大きな筆字で「恩赦請求書」と書かれていた。

「恩赦請求書」

郵送されたこの書類に同封されたコピーには、こんな表現があった。

《今の私にとって、恩赦や再審は生を存在させる唯一の手段なわけ》

と切り出してから、こう続けるのだ。

《さて、同封の「恩赦請求書」は本日（三月二十八日付）で東京拘置所長あてに提出しました。以前にも書きましたように、それがいかほどの効果があるものかわかりませんが、しかし、この提出によって少なくとも次回の執行は避けられるであろうと信じています。そもそも「ダメモト」的な発想ですからね（笑い）》

《却下までなんとか一年もってくれればと思っています。したがってその短期却下を予想して、次の手、つまり再審請求の方の準備に入りました。ここにきて、上告取下の意味が生きてくると思っています》

こう言って、死刑廃止条約の条文を持ち出して、澤地は弁護士を説得しようとしている。

《B規約14条の「公正な裁判を受ける権利」というのは、弁護権とともに、上級の裁判所によって再審理される権利が含まれているという解釈ですから、特に死刑判決をめぐる審理ゆえに、私にはそれを求める十分な権利があるでしょう。最高裁の確定判決を受けていたら、この請求も厳しくなります》

《ですから私の考えでは、死刑事件については口頭弁論の期日指定があった時点で（それまでは被告人としての権利を行使する）上告を取下げた方が再審が闘い易いのです。最高裁の確定判決を受けていたら、事実認定や法令の適用の点で争えませんからね。そして、私にとって幸いなことは、自宅から押収している物の中で、それを裁判に証拠提出すると私にとって有利な事情と斟酌されるべき事情となることを懸念したらしく、検察官がそれらを提出していないのです。それらが還付されて手元に戻っているので、それらを死刑判決を下すに至った事実認定上の誤りとして、新たな証拠として活用できるように思っています》

こんな澤地流の「能書き」を読みながら、恩赦請求書を読んだ。

そしてこの請求の意味を、私は考えている。

恩赦とは何なのか。

恩赦に至ったのは何なのか。

澤地はこの年（二〇〇〇年）になってから再審請求と恩赦請求の二つをほぼ同時に出していた。

知り合いの弁護士を通して澤地宛てに資料を送るよう、私に依頼してきた。

《再審申立用の一環である私自身の「上申書」の方は着々と進んでいます。既に四十枚程綴っています。そこで今回の要請は、原さんに以下に関する資料を要請するものです》

こう私を名指しして、澤地は経過報告をしてきたのだ。断っておくが、澤地と私は直接の接見はできない。死刑確定囚は、死刑が確定すると外部と接触する交通権が極端に制限される。一部の親族や弁護士をのぞき、外部の人間はいっさい会えなくなる。新聞記者も例外ではない。会えないし、取材もできなくなる。

その澤地が、私に資料の依頼をしてきたのだ。

《私に対する死刑判決においても、その判決書の結論部分において、死刑適用の一般的基準で示されている「罪刑の均衡」と「一般的予防」の見地から……を踏襲して、死刑もやむを得ないとしています。

そこで、司法のその論理を逆に利用して、死刑判決の不当性を論じておくのも一案と思ってのことなのですが、すでに論議済みである「一般的予防」が死刑の合憲性、正当性を支える根拠である以上、いかなる場合につき、「一般的予防」上死刑が必要であるのかの論証が明らかにされるべきであるのに、それは、検証不可能として片づけられています。

そこで、死刑が「見せしめによる犯罪の抑止力」となっているという考え方を否定する意味において、最近の中高生らによるいとも簡単な動機（いや動機不明とさえ言えます）による殺人事件の多発と、今日の死刑執行の現状とを対比して、一つの逆論証としてみたいわけです。

具体的な要請は、後藤田さんが死刑執行再開に踏み切った九三年三月から九九年一二月までの七年間に、三六人もの死刑囚が執行され、その都度それが報道されているにもかかわらず、特に中高生らを中心とした未成年者らによる殺人が多発しているやに思われ、その具体的な数値を知りたいのです。

つまり、三年四カ月の間死刑の執行が停止していた時期と死刑執行再開後の殺人事件発生件数の対比。さらにはここ数年の間に発生している中高生らによる殺人事件や通り魔的事件の主要なものや保険金目的事件等を調べてもらいたいわけです。できたら活字で一覧表にし作成年月日や作者名を記してもらうとありがたいのです》

《申すまでもなく、死刑は「正当な理由があれば殺人も許される」という刑罰ですから、そうした国家の刑事政策、刑罰方式の何らかのゆがみが、今日の中高生らによる殺人事件と関係あるのではと思われるのです。

具体的な統計上の数字を見ないと断言はできませんが、少なくとも、日本における死刑は、犯罪抑止上の一般予防になり得ていないことは確かです。そうすると、根拠のないこと、裁判上立証されていない理由を根拠とする死刑は、量刑因子の評価を誤った判断での刑罰としか言えません。つまり、裁判官の「事実認定」というのは、犯罪事実のみについての認定だけであってはならず、量刑上の認定においても、それは、法廷という場の証拠法則に基づくものでなくてはならないはずです。

そうであるのに、「元警部らによる事件ゆえに、社会的衝撃やその影響性も大であり、よって、刑罰の均衡からも一般予防の見地からも死刑はやむを得ない……」とする結論です。

もちろん、右についてはいかなる証拠も示されていなく、最高裁の死刑適用の一般的基準に合わすための、担当裁判官の推測論であり、感情論であり、死刑を導くための裁判官の信条告白にすぎません。その辺を再審で検討されるべきであるという私流の主張なのです》

資料を取り寄せてみて、当然のごとく納得する。

要するに、今のような死刑執行状況でも、犯罪発生率には変化がないのだ。

追伸として澤地の手紙は続く。

《私に対する死刑の宣告は、直接的には法律を適用して宣告されているものではないと考えます。つまり、あくまでも、裁判官個人の意思によって決定された死刑判決なのです。なぜなら、強盗殺人の法定刑、死刑又は無期懲役です。そうすると、そのどちらを選択するかは裁判官の裁量に委ねられているのが日本の法律です。ですから、その中の死刑を選択したのは、裁判官の意思であり、その決定は法律を適用したものではありません。

現実にも、一審の死刑が二審で無期になったり、その逆の場合の判決も多くあります。永山則夫君の場合がその好例です。要するに、判決とは「犯罪事実」と「量刑上の事実」によって、それを担当した裁判官個人の意思で決定されているからです。ですから、「量刑誤認」を理由に、それを裏付ける新証拠があれば別の裁判所、別の裁判官に再検討してもらうことを中立てる権利が死刑確定者にあります。生命刑だけに……です》

だが、こうも茶化したような表現で手紙を締めくくるのだ。

《何かと理屈をこねて綴っていくのは実に楽しいです（笑い）。いい仕事を見つけたと思っています。死刑囚というのは、何かに夢中になることが一番心情にいいのです。この再審申立て等は、何か社会的にも役立っていることをやっているような気になるのです。アホーですから、自分で自分をその気にさせてしまうのです。独りHと同じです。ともあ

れ頑張ります》

知り合いの弁護士は、こう言う。もっともな意見だろう。

「澤地さんのいろいろな意見を読んでも、裁判官を説得できるだけの理屈にはなっていないように思われます。完全な独り善がりの議論のような気がするのです。私の頭が固いのかもしれませんが……。それと、澤地さん本人が証拠閲覧したときに、非常によく書類がそろって運ばれてきたというのも、心配なところではあります」

実は私はその時、焦っていた。

澤地が危ない、という情報が舞い込んでいたからだ。「危ない」というのは、正確には死刑執行の時期が迫っている、という情報だった。死刑確定囚に対する死刑執行の順番などありはしないのだが、経験則というか、ある程度の推定は出来る。澤地に対する処刑が近い将来、あると私は感じた。

澤地が私に要求した資料のうち、前述した資料をプリントして、弁護士に急ぐようお願いした。

そんな私を見透かすかのように、澤地の返事が来た。

《速達による原さん提供の「殺人事件統計表」及び懲罰訴訟関係での事務連絡及び関係書類全て落手です。ありがとうございます。原さんにもよろしくお伝え下さい。なぜ彼が「速達で」と言っていたかについては、私なりに解釈しています。その理由はここでは割愛します》

書こうとして書けない理由。それは自分の死刑執行が迫っており、私が送った資料が死刑執行に間に合わなくなる、という私の思いを、彼は彼なりに受け止めたのであろう。

それから十五年。澤地に対する死刑執行はなく、病死で亡くなった。

現場がありそうで、実際の現場取材ができないまま、澤地への取材は終わった。

（了）

（この項は『別冊宝島』361号「囚人狂物語」の中で私が書いた「愛しき死刑囚・澤地和夫」などを改稿し加筆したものです）

G 安田弁護士はなぜ逮捕されたのか

▼突然の逮捕

冤罪事件など数多くの人権侵害事件の裁判を手がける一方で、オウム事件の主任弁護士で死刑廃止運動のリーダーである安田好弘が突如、警視庁捜査二課に逮捕され、関係者や法曹界に衝撃が広がった。突然の逮捕劇に驚くとともに、「一体なぜだ」という疑問が広がった。旧住専処理がらみの強制執行妨害被疑事件の容疑だとされた。逮捕の知らせに私は衝撃を受けた。一九九八年十二月のことだ。

大手紙やテレビなどのメディアは、「人権派弁護士が実は悪徳弁護士だった」「人権弁護士の隠れた素顔」とキャンペーンを張り、「一線を越えた」と書きたてた。読者や視聴者は「ああ、やはり」という感想を持っただろう。「人権弁護士が、実は金に汚かった」と受け止めたはずだ。と同時にそれまでの報道ではオウム裁判の主任弁護士の顔が、初めてマスコミによって公に流された。「オウムという悪い組織を弁護する、ケシカラン弁護士の、もう一つの顔」ということだろうか。

だが、と思った。マスコミが報じる安田弁護士の容疑とは一体何だろうか。「不動産会社の強制執行妨害容疑の共犯」という、訳の分からぬ容疑が、本当に逮捕すべき事案なのかどうか。企業弁護士が企業から報酬をもらうのは、当たり前ではないのか。

突然の逮捕に私は驚き、調べれば調べるほど、この逮捕がいかに政治的なものであることかがわかってきた。これは権力の乱用であり、権力の暴走だ。民主主義が危機に瀕している。そう感じた。

遅々として進まないオウム裁判の弁護団に揺さぶりをかけて、人権派弁護士の正体なるものをでっち上げて、そして死刑廃止運動を潰す。そして他の弁護士に対しては、弁護士活動そのものを畏怖させる。これが今回の警視庁の狙いなのだ。権力者が権力を乱用し、そして暴走し始めた、ということだろう。権力監視を自認するはずのマスコミは、いかに堕落しているのか、ということもよくわかってくる。

逃亡の恐れもないオウム主任弁護人・死刑廃止論者を不当逮捕し、一線を越えたのは権力側ではないのか。

当時の私は朝日新聞本社を離れて、新潟県・上越支局に赴任していた。担当者ではない以上、朝日新聞の紙面的に何をすることもできなかった。知り合いの社会部長に電話をして、「逮捕はおかしい」などと訴えたが、「暴走するなよ」と注意されるだけだった。朝日新聞の紙面も安田弁護士に批判的なトーンだった。サラリーマン記者として私は何もできなかった。

▼リーク

もともとおかしな逮捕劇だった。十二月六日の日曜日。私は知り合いから、「安田さんが逮捕された」という知らせをもらった。

逮捕容疑も、すぐには理解できない微罪に近いものだった。不動産会社の強制執行妨害容疑の共犯だという。弁護士が民間会社の弁護活動をやる時は、利益を守るために指示するのは当たり前だし、これを「報酬をもらって一線を越えた」違法行為とするなら、日本から企業事件の弁護士はいなくなってしまう。もともと予兆はあった。安田弁護士は二度にわたって警視庁の事情聴取を受け、東京地検からも事情を聴かれていた。つまり、当局にとって逃亡の恐れはまったくなかったのに逮捕してしまったのだ。

こんな状況証拠もある。安田弁護士が逮捕されることを、事前にマスコミの多くが知っていた。

捜査二課というのは、汚職事件など知能犯の捜査を担当する部署だ。殺人事件を担当する捜査一課などとは違い、捜査は水面下で極秘に動く。マスコミに気づかれるのを極端に嫌う。そうでないと、被疑者に証拠湮滅《いんめつ》される恐れがあるし、公判維持できなくなると地検側にしかられる。私の経験でも言えるのだが、捜査二課の関係者はそれだけ口が堅い。数多くの汚職事件を摘発してきた東京地検特捜部が、前打ちしたマスコミを閉め出してきたのは、情報漏れを恐れたためだ。

ところが、今回の逮捕はテレビをはじめ多くのマスコミが知っていた。これはどういうことか。

リークなのだ。事前にマスコミに逮捕情報を流すことで、安田弁護士逮捕を派手に報道してもらいたい。こんな当局の本音が、状況証拠から読み取れる。あのロス疑惑の逮捕劇を彷彿《ほうふつ》させる。

世間がマスコミ報道から受けた印象は、「人権派弁護士が実は金に汚くて、こんなあくどいことをしている」というものだっただろう。

住宅金融債権管理機構（住管機構）に告発された他の弁護士が在宅起訴だったことを考えても、通常逮捕はあり得ないはずだった。

それが突然の逮捕になる。そして今回は逮捕情報が事前に伝わっていたため、マスコミの多くが知っていた。逮捕前に安田弁護士にインタビューを試みた社もあったし、オウム裁判の合間に、慌てて顔写真を撮影した社もあった。失礼な言い方だが、取材力があるとは思えない社までが知っていた。

まさしくリークそのもの。警視庁はマスコミにリークし、安田弁護士逮捕を大々的に扱ってもらいたかったのだ。

関係者によると、警視庁捜査二課は数カ月前から周到な準備をしていたという。しかも捜査員の一人が過労死しており、弔い合戦とほざいた捜査員もいたというから、事態は深刻だ。

安田弁護士の名誉のために指摘しておくが、マスコミが流す「現金受け取り」だって、事実を知れば、お笑いものの報道だ。にもかかわらず、通常の数百倍の数千万の特別報酬を受け取っていたとか、十分な裏を取らないで警察情報を垂れ流す警視庁担当記者の感性と良識を疑ってしまう。警視庁担当記者のお粗末さを浮き彫りにさせただけだった。笑った。

後に弁護団が裁判所に提出した保釈請求書で、事実がどうだったか明らかにしている。

一つ目。顧問会社からの顧問料についてだ。

一九九四年二月ごろから月五万円の顧問料の支払いは受けていたとされたが、実は受け取っていなかったことが後の私の取材で分かった。仮に受け取ったとしても、この金額は日弁連が定める顧問料の最低額だ。月々五万円で一年間で六十万円。これが高額だと報じたマスコミの感覚は、どれだけ麻痺しているのか分かるだろう。

そして、重要な事は、安田弁護士が強制執行妨害の指示をしたとされる一九九三年には、顧問料を含め一切の金を会社からは得ていないことである。会社が隠匿した賃料は八億五千万円と言われる。三百万円の報酬というのは、あまりにも安過ぎる。

二つ目。安田弁護士は、顧問会社に家賃隠匿を指南し、五千万円の報酬を得ていた、という報道もあった。しかし保釈請求書などの資料から、その金額が妥当だと分かる。

《十億円の利益に対しての弁護士報酬が二人で約一億円というのは、報酬として「高額」ということにはならない。確かに庶民感覚からすれば大きい金額だが、会社は弁護士の手助けを得て差し引き九億円の利益を手にしていることを見れば、妥当な金額と了解できる。（中略）十億円の利益案件の場合、弁護士報酬規定で三・二％。成功報酬も同額とされている。これに、さらに書面を書いたり香港に出かけたりの報酬が加算されれば一億円ぐらいにはなる。マスコミは庶民感覚に訴え、五千万円がべらぼうな「黒い金」のイメージを書き立てたが、この報酬が弁護士報酬規定に照らして妥当であることに、なぜ気づかなかったのか》

一部のマスコミは「数千万円もの報酬を受け取っていた」と、さも特ダネのように書いていた。これが高い、と報じる記者の感覚はどれだけ麻痺しているのだろうか。弁護士報酬規定に照らしても、妥当であることに、記者はなぜ気づかないのだろうか。

大手新聞の警視庁担当は記者にとってエリートコースだ。エリートとはこんなお粗末なものだと知った方がいい。要するに裏も取らないでの癒着記事。良識とは正反対の立場だ。

もう理解できるだろう。

弁護士が当然の企業弁護活動をしていたのに、それを逮捕してみせる。権力の意図はどんなものかわかるだろう。要するに権力に歯向かうと、こうなりますよ、と国民を脅しているのだ。

そしてもっと驚いたのが、安田弁護士を知っている弁護士仲間の一部やジャーナリストの反応が鈍かったことだ。逮捕されて当然だというような声も私は当時聞いた。

▼人権派の敵

では、なぜ、リークによる逮捕劇が必要だったのだろう。

それは、安田弁護士を逮捕することで、弁護士という彼の信用と立場を失墜させ、企業弁護活動に対する脅しと、あわせて遅々として進まないオウム裁判の弁護活動を潰し、そして死刑廃止運動の盛り上がり潰しを考えてのことだろう。そうでなくては、この逮捕劇は理解できない。

もともと人権と権力は対峙する。人権というのは、権力から勝ち取ってきたものだ。

安田弁護士は、関係者にとっては、弁護士の中の弁護士である。多くの冤罪事件にかかわり、死刑廃止運動では先頭に立って行動していた。事務所も無償で提供していた。金に無頓着だったことも、周囲は知っている。世話になった人間は多い。

権力にとってこんな人権派は、目の上のたんこぶだった。警察当局にとって、人権ほど嫌いなものはない。権力からみれば、人権派とは敵なのだ。安田弁護士は当局にとって対峙する存在だったのである。つまり権力にとって、安田弁護士は権力にたてつく「悪い奴の味方」としか映っていないのだ。こうした人物を逮捕した征服感が、警視庁にあるのだろう。人権派を名乗る「悪い奴」に正義が勝ったとでも思い込んでいるのだろう。

住管機構に告発された企業を弁護することがいかに怖いことかを、弁護士全体に知らしめて、弁護活動をためらわす。こんな企業の弁護をすると逮捕もあり得ると権力行使をちらつかせる。本来なら自由に出来る弁護活動ですら出来なくなる。これが警視庁の狙いだったはずだ。

さらに言うと、オウムの壊滅作戦を進める警視庁にとって、なかなか進まないオウム裁判弁護士は邪魔な存在だった。その主任弁護士を逮捕することで、その邪魔な存在を消し去る。そんな意図も見て取れた。

オウム裁判の主任弁護士についても、だれもやりたくなかった裁判なのだ。だが、安田弁護士は引き受けた。以来、ほぼ毎日のように事務所に寝泊まりして、裁判に備えていた。忙しすぎて帰宅できない日々が続いていた。

裁判とは、検察と弁護人の法廷での闘いだ。検察は起訴事実を立証しようとして全力を注ぎ、弁護人は、被告の利益を守るために、全力を注ぐ。それが民主主義を守る大前提なのだ。乱暴に言うと、真実とか言う前に、被告をやっつける側と、被告を守る側が、お互いに都合のいい証拠を持ち出して闘うのが法廷なのだ。つまり証拠が採用されて判決が出ても、その判決が真実だとは言いがたい。つまり、危うい力関係で、刑事裁判は成り立っている。それが民主主義というものだ。

問題は、オウム裁判の弁護人になった時点で、敵は検察だけではなくなったということだろう。そう、オウム憎しという国民世論も敵となってしまうのだ。だから多くの弁護士は引き受けようとしなかった。それを承知のうえで、安田弁護士は金にならないことを引き受け、見えない敵とも闘っていく決意をしたのだ。

オウム裁判は遅々として進まない。安田弁護士の逮捕当時で百回を超えたのに、と検察関係者は嘆く。弁護士が遅らせようという戦術をとっているからだ、と一部マスコミは書いた。

本当にそうだろうか。法廷は週に三回も四回も開かれている。へとへとになって弁護活動をしているのに、と思う。

民主主義とは時間がかかる手続きなのだ。それを引き受けた以上、弁護士が被告の利益を守るのは、当然の活動である。それだからこそ、微妙なバランスで民主主義が成り立っているのだ。

警察・検察は、そんな法廷の相手を逮捕することが、いかに民主主義の根幹にかかわることなのか理解できているのだろうか。微罪による逮捕。証拠湮滅・逃亡の恐れのない人物の逮捕。そしてその逮捕劇を過剰に演出したマスコミ報道。遅々として進まないオウム裁判の主任弁護人を逮捕した意味の大きさを理解できるだろうか。警視庁は東京地検に協力したのだろう。警視庁の狙いが、透けて見えてきた。権力というのは、こうしたことを時々披露してみせて、国民を萎縮させる。権力に逆らうとこうなりますよ、という見せしめだ。

▼良識あるジャーナリストの不在

安田弁護士逮捕をきっかけに、われわれは非常に危険な空気の中にいることに気づかなくてはならない。権力が暴走を始めたのだ。

それにしても、と思う。裏を取る作業をしないで、警察情報を垂れ流す今回のマスコミ報道に、私は危機感を持つ。安田弁護士の事務所には、各マスコミの司法担当記者が夜な夜な日参していた。オウム裁判の取材だ。それに対して安田弁護士は答えられるものにはきちんと応じていた。それが警視庁担当記者となると、電話を一回事務所に入れただけで、一方的に警視庁だけの言い分を書いてしまう。

何かおかしくないだろうか。何かが狂い始めていないだろうか。

昔、正木ひろしという弁護士がいた。戦前戦後を通じて、人権擁護活動に取り組み、多くの冤罪事件の無罪を勝ち取った人物だ。この弁護士が丸正事件というものに絡んで起訴されてしまう。

しかし、彼の功績は、歴史に、そして人々の記憶に刻まれ、多くの門下生を輩出している。民主主義は今、危機にさらされている。このことを自覚したい。それを救うにはどうすればよいのだろうか。良識あるジャーナリストはいないのだろうか。

安田弁護士逮捕に当時、私はそんなことを考えていた。逮捕・拘留が長期化し、危機感は次第に強くなった。

そして新聞記者なのに、立場上何もできない自分が腹立たしくなってきた。何のためにジャーナリストを志したのか。そう自問自答して見つけた答えが、外部の雑誌に書くことだった。『週刊金曜日』と月刊誌『創』が私のために誌面を割いてくれた。前者は本名で、後者はペンネームで書いた。

不当逮捕であることを記事にした。

その『週刊金曜日』に書いた記事について、直属の上司が「会社を辞めろ」と脅してきた。私は「朝日新聞記者」という肩書は使わなかった。「記録作家　新聞記者」とした。会社に迷惑をかけたくないのと、会社の意見だと見られたくないためだった。それでも、会社に迷惑をかけたというのだ。

社会部の先輩だと尊敬していた人物が、いちいち上司に告げ口をしていた事も後に分かった。逮捕がおかしいと個人的な意見を言うことが、おかしいのか。しかも事実を書いただけだ。もはや朝日新聞幹部もジャーナリズムの存在を放棄しているのかと思ったりもした。しかし私は辞めなかった。『週刊金曜日』などに書いた記事は、その後の経緯を見ても正しかったことが証明されている。

安田弁護士は拘束された東京拘置所から支援集会宛てに、こんなメッセージを送ってきた。

《私の顧問会社にかこつけて、私の身柄を拘束しようとする暴挙は、昨年の春に遡ります。当初、私はこれに気付きませんでした。そして、後に気づいた段階にあっても、私は弁護士の職責からして、これに一切反論・弁明はもとより防御をしてきませんでした。ところが彼らはその間に、恫喝と詐術を駆使して、思うままに証拠をでっち上げ、私を逮捕・拘留・起訴し、さらには保釈に反対して接見禁止まで付して私の身柄を拘禁し続けています。

私は無実です。私は依頼者に違法行為を指示したり、依頼者の違法行為に加担したことは一切ありません。そのようなことは、そもそも私の職業倫理・生き方に反することです。これは、警察、検察が仕掛けてきた喧嘩です。私は、彼らの策動を余すことなく明らかにしていきたいと考えています》

《(中略) いまだに怒りがおさまりません。怒りは未だに私の夢の中にまで現れ、その怒りに目を覚まし、さらに怒りを募らせる日々を抜け出すことができないでいます。これをテコに力を十分に蓄えたいと思っています。どうぞ力を貸して下さい》

安田弁護士の怒りが伝わってくる。

安田弁護士に対して、東京地裁は二〇〇三年十二月、懲役二年の求刑に対して無罪判決を言い渡したが、二審では罰金刑の有罪となり、二〇一一年十二月、最高裁で五十万円の罰金刑が確定した。検察側のメンツを潰さないための罰金刑で、事実上の無罪判決だと私は思っている。

検察側が描いた主張はこうだ。任意整理を受任した不動産会社「スンーズ」代表取締役らと共謀し、差し押さえの強制執行を逃れることを目的として、同社が所有する賃貸ビル二棟のテナントから、賃貸料名目で休眠会社への約二億円の口座振込みを指示して、当然差押え執行がなされるべき財産を隠匿したとする強制執行妨害だとした。

これに対し安田弁護士側は、違法性のない会社再建構想を示しただけであり無罪だと主張した。

警察・検察の強引な逮捕・起訴だったことは歴史的事実となった。

権力は暴走する。その暴走を監視するはずの新聞もテレビも感性が鈍く、無力だった。そのことを私は実感した。


（了）

（この項は一九九八年十二月二十五日の『週刊金曜日』に書いた私の記事「安田弁護士はなぜ逮捕されたのか」と一九九九年二月の月刊誌『創』の「安田好弘・オウム主任弁護士逮捕事件の波紋」を改稿したものです）

H

北炭夕張新鉱事故と日高夫婦の死刑執行

▼事故から二十年

二〇〇一年秋、朝日新聞北海道報道部（現北海道報道センター）に赴任した私は、夕張市での取材を続けていた。

ちょうどその二十年前の一九八一年十月、夕張市の基幹産業だった北炭夕張新鉱でガス突出・爆発事故が発生し、炭鉱員ら計九十三人が死亡した。この事故は、日本の炭鉱災害史上に残る大災害で、この事故を契機に北炭夕張新鉱は閉山し、街の斜陽化は加速する。

そしてこの事故が伏線となって、保険金目的の放火殺人事件が発生した。事故で入った労災保険給付金に味をしめた炭鉱下請け会社の経営者夫婦が、金に行き詰まった挙げ句、自分たちが経営する会社の寮を部下に放火させ、六人を死亡させたのだ。

炭鉱事故さえなければ、夫婦は事件を起こさなかったかもしれないし、ましてや夫婦が一緒に死刑囚となって同時に処刑されることもなかったのだ。

そんな時代背景を記憶から呼び戻すようにして、私は「事故から二十年」というルポを記事にするため夕張市などを歩き回っていた。


その取材の四年前の一九九七年八月一日夜から二日未明にかけてのことだ。ブロック紙である北海道新聞が、札幌拘置支所に在監していた日高安政と妻・信子の夫婦二人の同時処刑を早版から伝えた。いわゆる特ダネだった。日高夫婦はこの夕張市で発生した放火殺人事件で死刑が確定し、拘留されていた。

その記事を共同通信が転載して配信した。朝日、毎日、読売新聞各社も遅ればせながらこの情報をキャッチ。社会部の司法担当記者が法務省幹部に情報をぶつけて確認を取った。その過程で分かったのが、東京拘置所でも二人が処刑され、そのうちの一人が永山則夫だった。

死刑問題を語る時、どうしても避けては通れない課題を提供し続けた永山死刑囚。獄中作家として、文壇にも名を残していた。その永山が死刑確定からわずか七年で処刑された。死刑問題に関心を持つ記者や関係者には大きな衝撃だった。

各社とも本社朝刊最終版では「四人の死刑囚に刑執行」という記事になった。北海道新聞の特ダネで始まった今回の死刑執行は、最終版で各社が追いつき、横並びしたことになる。

死刑執行という情報は当時はまだ、法務当局が公表していなかった。それらしき情報が流れて、確認作業を深夜から未明にかけて続けるのが、ここ数年の流れだった。

私はそんな同時処刑された日高夫婦のことを考えながら、現場のない現場を求めていた。

▼夕張

死刑囚・日高夫婦を語る時、忘れてはならないのが、二人が起こした事件の舞台というのが、北海道夕張市という特殊な街だった点だ。政府・自民党の安易なエネルギー政策の転換で、全国各地に数多くあった炭鉱が閉山を余儀無くされた。その一つ、この夕張という街も、そしてここに住む人間も翻弄され、国に見捨てられた。そんな中で日高夫婦は生きてきた。

私にとっても忘れられないのが、前記の夕張市の基幹産業だった北炭夕張新鉱で一九八一年十月に発生したガス突出・爆発事故だった。

炭鉱員ら計九十三人が死亡したこの事故は、日本の炭鉱災害史上に残る大災害で、この事故を契機に北炭夕張新鉱は閉山し、街の斜陽化は加速する。この犠牲者の中に、日高夫婦の部下もいたのだ。

北炭夕張新鉱の事故は二つから成っていた。

まず一九八一年十月十六日午後零時四十一分ごろ、同鉱北第五盤下坑道（海面下八百九メートル）の掘進作業現場付近で、約六十万立方メートルのメタンガスが突出し、八十三人が死亡し、十九人が重傷、二十人が軽傷を負ったのが一次災害だ。

さらに同十時十分ごろガス爆発が起きて坑内火災となり救護隊十人が死亡した二次災害に分けられる。

ガス突出とは、岩盤で密閉されていた炭層内の高圧メタンガスが、密閉を解かれた時に一気に噴出する現象をいう。そのため、ガスに伴って大量の粉炭が噴出してくる。今回の事故では約四千立方メートルと推定されている。

メタンガスは可燃性のガスだ。空気中の酸素量によるが、メタンガスの割合が空気中一六〜二四％になると、火元から引火して爆発する。

その北炭夕張新鉱の事故から三年近くが過ぎた一九八四年五月五日夜、夕張市の炭住街で民家火災があった。後に分かるのだが、日高夫婦が部下に命じて火を放った保険金目的放火殺人事件だった。

事故の発生は、午後十時五十分ごろだった。

夕張市鹿島栄町一にあった三菱南大夕張炭鉱下請け事業所の日高工業作業員宿舎から出火し、木造モルタル三階建て延べ約三百六十平方メートルが全焼したほか、隣接の住宅など二棟も全焼した。

鹿島地区は同じ夕張でも遠い。遠い場所の災難に、救助もうまくいかなかったようだ。

「助けて」

「飛び出すんだ」

深夜の炭住街に怒号と悲鳴が交錯する。

築三十年が経過しようとしていた木造住宅の火の回りは速かった。

最終的には消火活動をしていた消防士一人を含む計七人が犠牲になった。中学一年生と小学六年生の兄弟二人も含まれていた。深夜火災の報に、地元関係者は心を悼めた。「子どもの日」に発生したその惨事に、忌まわしい北炭夕張新鉱事故の記憶が重なり、事故の悲惨さが地元では鮮明によみがえるのだった。

犠牲になった炭鉱員たちは、実家や出身地を出て以来、二十年間も三十年間も、音信不通のままだった。

一人は網走に近い白滝村出身の炭鉱員だ。一九五二年に家を出たきり、行方不明になっていた。火災の三年前に父親が死亡した時も連絡がなかった。三十二年ぶりの音信が、焼死の知らせだった。別の炭鉱員は歌志内出身だが、二十年前に家を出たきり、連絡が途絶えていた。

夕張とはそんな所なのだ。逃げ場を失った人間が、一人ひとり集まってくる街だった。だれ一人として、自分の過去を明かそうとする者はいなかった。火事はそんな街の実状を浮き彫りにしていた。

そして日高夫婦は従業員四人にかけていた生命保険金と、この寮の火災保険金計一億三千八百万円を手にした。

この火災が、日高夫婦が仕組んだ保険金目的の放火殺人事件だった。


そして、火災から三カ月後、その火災が保険金を目的にした放火殺人事件だったことが発覚した。実行犯の人間、つまり自分の部下が逃走先の青森で警察署に出頭したことから事実が明らかになった。北海道警捜査一課と夕張署は、極秘捜査のうえで放火実行犯の男を逮捕したのに続き、夫婦二人を逮捕した。

調べによれば、この実行犯の入居を祝うジンギスカンパーティーが五月五日夕方にあり、同僚が寝込んだころを見計らって宿舎一階の台所付近に積んであった古新聞に使い捨てライターで火をつけたという放火殺人容疑だ。そして二人には保険金詐欺容疑も加わる。

後の判決によれば、夫の安政が信子に持ちかけ、信子が実行犯の組員を説得するやりとりが詳しく認定されている。躊躇する本人に成功報酬を持ちかけてまでいたのだ。

この部下の男は、火災の際に二階から飛び降りてけがをしていて入院した。七月に退院し、一度は日高組に戻った後、まもなく行方をくらました。

逃走先の青森から電話で警察署に、

「報酬は数百万円そこそこで、身の危険を感じる」

と連絡。出頭して逮捕された。

そして日高夫婦の逮捕。要するに炭鉱事故で莫大な金が入ったことに味をしめたヤクザの親分は、部下に命令して自分の会社の寮を放火させ六人を殺害、またまた莫大な金を手に入れた。事件が発覚し、その親分や妻らが逮捕された。その夫婦が日高夫婦だった。

北炭夕張新鉱の事故から派生した、いわば、呪われた事件でもあった。

▼日高夫婦

日高安政と信子という夫婦が生きようとした夕張という街は、戦後の高度経済成長に翻弄され、国のエネルギー政策に沿って、つまり国策で動かされた。そして二人は夕張という街に翻弄されていくのだった。その舞台が整いつつあった。

夕張市には大手は三井系の北炭と、三菱夕張があり、それぞれの炭鉱地区に町並みがあり、山奥に企業城下町が栄えた。

炭鉱は国の基幹産業だったが、両者は全く正反対の体質を持っていた。三菱夕張は、労務管理を徹底し、労組の幹部にヤクザを送り込むなどして、炭鉱マンの不満を徹底的に抑えようとした。一方の北炭は浪花節的な会社で、労組は地域社会の労働運動と共闘してきた。下請けをうまく使い、懐柔していたのだ。

夕張の炭鉱員にとって、炭鉱とは、死ぬか生きるか、ということを毎日突き付けられた職場だった。そして夕張の人たちにとっては、企業城下町ゆえに北炭を正面切って批判することは許されなかった。

下請けの人集めは、ヤクザの親分が仕切っていた。

日高夫婦もそんなヤクザの親分だった。

日高安政は、七人兄弟の六番目の子どもとして、太平洋側に位置する北海道様似町で一九四三年に生まれ、戦後間もなく一家で夕張に移り住んでいる。夕張市の市立鹿島東小に入学した半年後に父親が死亡。以来、母親に育てられることになる。

兄らの影響を受けて小学三年生から店舗荒らし、賽銭箱荒らしなどの非行を繰り返すようになり、小学六年生の時に、オホーツク海側にある北海道遠軽町の教護院「北海道家庭学校」に収容され、ここで中学までの義務教育を終えた。

その後、トラックの運転助手、土木作業員、炭鉱員などの職に就くが、十七歳のころからヤクザの世界に身を投じた。二十歳の時に傷害罪で罰金刑になったのをはじめ、傷害や暴行などで懲役刑三回、罰金刑にも三回処されている。一九六九年に当時同棲していた女性と結婚。二人の間に長女が誕生している。

当時の新聞には、

「短気で凶暴な性格」

「暴行、傷害、とばくなどの犯歴を持ち、暴力団の世界でも頭角を現し、金回りの良さ、金遣いの荒さで評判」

と日高を表現した記事が載っている。

一方の日高信子は、炭鉱員だった父の元で、七人兄弟の四女として一九四六年に夕張で生まれた。経歴を見ると、日高安政と同じく市立鹿島東小を卒業とあるから、三学年違いで同じ小学校に通っていたことになる。地元の市立鹿島中を経て、当時の道立夕張鹿島高校を卒業している。高校時代は「女番長」として名を売っていた、と逮捕時の新聞記事にはある。

卒業後、美容師を目指して上京。山野高等美容学校で一年間学んだ後夕張に戻った。交際を続けていた暴力団構成員と結婚し、一女をもうけたが夫と死別し、市内のバーでホステスとして働くようになった。

二人が知り合ったのは、安政が信子の勤めるバーに通い始めてからだ。客と従業員という関係から発展し、肉体関係を結ぶようになり、いつしか二人は同棲生活を始める。これが原因で、安政は妻と離婚した。そして周囲の反対を押し切って、二人はそれぞれの連れ子と四人で生活を始め、安政と信子は一九七二年に正式に結婚している。そして二人の間に、新たな子どもが生まれた。子どもは三人ということになる。

同棲を始めた一九七〇年ごろ、日高安政は信子の協力で、三菱大夕張炭鉱の下請け会社の「日高班」として、坑内員を炭鉱現場に送り込む仕事を始めた。後の日高組の原点となるものだった。

日高安政が暴力団初代誠友会日高組長として夕張で活路を見いだそうとしたのは、一九七七年ごろ、と見られる。

一九七六年に有限会社「日高工業」を設立、日高班を法人化したものの、日高安政本人は賭博を続けた上、知り合いの女性と上京してしまう。これに怒った信子も、従業員の炭鉱員と肉体関係を結び、東京方面に駆け落ちしてしまった。このため、設立の翌七七年には「日高工業」は倒産してしまう。新たに有限会社「鹿島工業」を設立する。

駆け落ちした信子は男と別れて夕張に戻り、安政も同棲していた女性と別れて、二人は元のさやに戻り、同じような坑内員を送り込む仕事を再度始める。この時、暴力団初代誠友会総長、石間春男と知り合い、初代誠友会日高組長を名乗るようになった。そして「日高工業」は後に「日高組」と名を改めた。

信子は、その組長の妻として、組内を牛耳るようになっていた。「頭が切れ、目先も利く姐さん」として、組員にも平気で平手打ちを連発する荒れた性格、と記事は伝えていた。確定判決でも記されていることだが、逃亡しようとした組員に対しては指を詰めさせ、事故だと偽って労災保険金や生命保険の傷害給付金を請求するなど、その性格ぶりを伝えている。

安政は暴力団稼業の交際費や遊興費欲しさに、覚せい剤密売に手を染めるようになり、懲役刑を受けて刑務所に入ってしまう。覚せい剤取締法違反罪で一九七八年に札幌地裁岩見沢支部で懲役八カ月、執行猶予四年の判決を受けた安政は、執行猶予中に再度覚せい剤に手を出す。覚せい剤の譲渡と使用、さらには短銃一丁を隠し持っていた、という銃刀法違反罪まで付けられて逮捕・起訴され、函館地裁で七九年、懲役二年六カ月の実刑を受ける。そして執行猶予が取り消され、二つの事件で刑務所に収監される。

亭主がいなくなった信子は、夫の逮捕で信頼を失った有限会社「鹿島工業」を休眠させ、日高班の名称で北炭夕張新鉱の下請け会社を通じて、坑内員を送り出す仕事を始める。安政が仮出獄する一九八二年四月までの約三年三カ月の間、女手一つで日高組を仕切ることになる。

こんな時に発生したのが、日高安政と信子に最初の転機が訪れることになった一九八一年十月の北炭夕張新鉱ガス突出・爆発事故だった。自分の部下ら七人が犠牲になった。亭主に代わって信子が社長役として切り盛りしていた時だった。

犠牲者七人というのは、下請け、孫請けとしては最大の規模だった。当時のマスコミは「下請けの悲劇」と報じ、信子はマスコミのインタビューにたびたび応じていた。

そう、夕張という街は、日本の経済構造の複雑さを垣間見せてくれるのだった。

最初の転機と書いたのは、この事故で二人の手元には、炭鉱事故に伴う弔慰金名目で労災保険給付金など莫大な金が入ったからだ。二人が手にした金額は定かではないが、一億円は下らないと当時は見られていた。犠牲者一人頭二千万円と当時は言われていた。

これを元に日高夫婦は金融業にも手を出し、自宅兼事務所を新築した。木造の長屋が多い炭住街では目立つ瀟洒な造りで、当時は周囲からは「日高御殿」と呼ばれた。このほか、自分が経営するスナックを改装したり、高級車を買い換え、事故を契機に派手な面が増えてくる。

前後して、日高の会社は、倒産した北炭夕張新鉱から三菱南大夕張鉱の孫請けへと鞍替えしている。正確には下請けに炭鉱員を送り出す仕事だった。

だが、その派手な生活ぶりのせいで金はすぐ使い果たし、借金を重ねるようになった。札幌で始めたデートクラブも長続きはせず、安易な金策を考えるようになる。自分の会社寮に火をつけて、保険金を得ることだった。北炭夕張新鉱事故で得たあの大金をもう一度、というわけだ。夫の安政が信子に持ちかけ、信子が実行犯の組員を説得する。こんな流れで、二人は次第に放火殺人事件へと傾倒し始めるのだった。

後の一九八七年三月九日に開かれた一審札幌地裁は、夫婦二人に死刑判決を言い渡した。判決は、こう断罪している。

《子供二名を含む合計六名もの焼死者を出すなどした結果の重大性、遺族の強い被害感情、社会的影響の大きさ、被告人両名の本件各犯行において果たした役割の重要性、犯行後の情状等にかんがみるならば、被告人両名にとって有利な事情のほかその他一切の事情を最大限参酌しても、なお職責上被告人両名をいずれも死刑に処するのをやむを得ないものと思科する》

ただ、二人のために弁解しておくと、二人は殺意を否定していた。そして裁判所が認定したのは、未必の故意による殺人だった。

未必の故意というのは、「この行為をすれば死んでも構わない」という程度の殺意であって、確定的殺意ではない。通常だと共犯者の証言を重視して、確定的殺意を認定するのだが、札幌地裁は共犯者の証言に疑問を持っていたとも受け取れる判断なのだ。

とすれば、この死刑判決というのは、六人が焼死したという結果を重視しただけであって、量刑基準に照らしても疑問が残るのだった。

量刑理由について、こう述べている。

《本件は、被告人安政が、昭和五十七年四月三十日に仮出獄した際、被告人信子から小遣い銭として渡された五千万円近くもの大金を、わずか半年足らずの間に浪費してしまい、その後も、同被告人に無心して受け取った金員や、不正な手段で得た労災、自賠責保険等の給付金を、愛人につぎ込んだり、競馬等の遊興費に費消し、そのため金策にも窮するようになったのに、遊びの味を忘れられず、また自分が組長をしていた暴力団日高組の活動資金も欲しかったところから、何とか金員を得ようと考え、自己所有の日高工業寮建物及び建物内の家財道具に保険金合計三千万円の火災保険契約を締結していたことを奇貨として、同寮建物に失火を装って放火した上、右火災保険金を騙取しようと企て、右計画をまず妻の信子に、次いで配下の組員に、順次持ち掛けてその謀議を重ねていくうち、寮に放火すればその中に居住する者たちが焼死することが予見されたのにそれを意に介さず、これを容認し、かつ、焼死者が出た場合にはその者らに掛けられていた生命保険金をも入手しようとの謀議に発展させ、判示のとおり、組員において、右謀議に基づき、右寮に放火し、その結果、同寮に居住していた成人四名及び子供二名の合計六名もの多数人を焼死させて殺害し、火災保険金と焼死した成人四名の生命保険金合計約一億三千八百万円を騙取したという、我が国犯罪史上において類例を見ない凶悪重大な事案である》

《その動機は、被告人において、昭和五十六年十月に発生した北炭夕張新炭鉱のガス突出爆発事故により日高班の坑内員七名が死亡し、予想もしなかった巨額の金員を手にしたのに、安政において、自らの怠惰、放埓、無思慮、無軌道、無分別な生活態度が原因となって、かつての従業員らの死と引き換えに得た右金員をたちまちのうちに使い果たし、経済的破綻を招いたにもかかわらず、これを全く反省することなく、遊興費及び日高組の勢力の拡大を図るための多額の活動資金を一挙に得ようとしたことにあり、また、信子においても、大金を入手することができれば一度味わった贅沢な生活を続けることができるとの考えもあって、安政を諫めることもなく、安易に同被告人の計画に荷担したものであり、さらに、組員においても、五百万円の報酬を得るとともに、本件放火を実行することによって、組長夫婦である被告人両名から暴力団組員としての信頼を獲得して組内における自分の地位を向上させようと考えて本件犯行に加わったのであって、いずれも身勝手、利己的なものといわざるを得ず、一片の酌量の余地もない》

二人は控訴した。

▼控訴取り下げ

多くの死刑囚は、一審の死刑判決に不満を持ち、控訴する。日高夫婦も控訴したが、突如として控訴を取り下げてしまう。一九八八年十月のことだ。既に控訴審を四回開いていた。まず信子が十月十一日、ついで安政が二日後の十三日に取り下げた。

時代は大きなうねりを描き始めていた。昭和天皇の危篤が続いていた時期だった。

あの時の社会を私は思い出す。

マスコミは天皇の様態を細部にわたって刻一刻と伝えていた。新聞もテレビも、昭和天皇の危篤を毎日毎日、大ニュースとして取り上げていた。いつもなら、許されるような発言も自粛してしまっていた。社会が何かに脅えていた。異様なムードに社会が包まれていた。

そんな社会から隔離されていたはずの、刑務所の受刑者や、拘置所の未決者に恩赦の期待が高まったのだ。

天皇死去に伴って政府が実施する大喪の礼や新天皇の即位の礼に伴う恩赦の対象に、死刑確定囚も含まれる、という噂が流された。死刑囚にも恩赦が期待できる、しかし刑が確定しなくては対象にならない、という内容だった。

だがこれは誤りだった。死刑確定囚や死刑相当事件の受刑者に対して恩赦が実施されたことは過去になく、まさしく単なる誤報だった。

だけど、これを信じたところに、死刑囚の悲しさがある。何人かの人間が信じて上訴を取り下げた。つまり自分の生命を賭けて確定死刑囚になったのだ。

己の生命をかけて、自ら死刑確定者になっていく。恩赦が実施されなかったら、死刑囚としていつかは、処刑されるだけだ。

人間は多くは生きたい、と願っている。死にたくない、と懇願している。人を殺しておいて勝手な、と思う人もいるだろうが、これが人間の姿だ。

日高夫婦もその人間だった。

だが、悲しいことに、いつまでたっても恩赦にはならなかった。

一年が過ぎ、二年が過ぎ、期待していた恩赦はなかった。そのことをはっきりと認識した二人は、どういった思いをしたのだろうか。

夫の安政だけが一九九六年五月、昭和天皇の死去で恩赦があると勘違いして控訴を取り下げたとして、審理再開申し立ての特別抗告をした。八月、札幌高裁は錯誤はないと審理再開を拒否した。これに対する異議申し立ても一九九七年二月に棄却され、最高裁に特別抗告していた。

何と人間らしい行為なのだろう。私はその時単純に思った。

控訴取り下げが失敗だったと気づいた時、元々積極的に動いたのは、妻の信子の方だった。一九九一年に札幌弁護士会に公判期日指定の申し立てを行ってくれるよう依頼してきた。期日を指定することで、控訴取り下げがなかったことになる、という戦術だった。だが札幌弁護士会は結局動かなかった。

そのため親族が、日高安政についての審理再開を弁護人に依頼し、抗告したのだった。夫の安政だけしても、効力は信子にも及ぶ、という判断だった。

もっとも、日高安政本人は、「死にたくない」という思いで、審理再開の申し立てを行ったのではない、と関係者に言い続けてきた。公判では一貫して殺意を否定してきたが、確定してしまった一審判決では、未必の故意による殺人と認定されてしまったことに、不満がある、と関係者に言い続けてきた。

一九九七年六月、最高裁は棄却。当局はそれを待っていたように死刑の執行を行った。つまり二カ月で刑を執行してしまった。抗告棄却の連絡が入ったとき、日高安政は相当のショックを受けたようだ、と後に関係者は話していた。弁護人は「やられた」と思った、という。


手元にある資料によると、戦後、一九四七年（昭和二十二年）以降、政令恩赦を含む恩赦によって死刑確定者が減刑されたケースは、計二十五人に過ぎない。一九五五年（昭和三十年）以降、死刑確定者について恩赦上申された件数や、中央更生保護審査会によって恩赦相当とされた件数、さらには不相当とされた件数を見ても、恩赦が実現したケースは極めて少ないことが分かる。恩赦は、極めて細い道なのだ。

だが、それでも恩赦に期待したのは、生き続けたい、と切に願っていたからだった。

北炭夕張新鉱のガス突出・爆発事故、日高夫婦の事件、死刑執行。遠くなった昭和の現場だった。

「事故から二十年」というルポはこんな背景を考えながら取材し、私は朝日新聞北海道版に記事を書いた。

（了）

（この項は拙著『極刑を恐れし汝の名は』〈洋泉社〉から引用し、新たに加筆したものです）

I

永山則夫の処刑と散骨

▼散骨

北海道網走市のオホーツク海の船の中に私はいた。

一九九八年八月一日朝の網走港沖。チャーターした小型船の甲板で、遺骨の一部を少しずつ少しずつ海にまいている光景があった。

ちょうど一年前、東京拘置所で刑が執行された死刑囚、永山則夫の一周忌にあたるこの日に、弁護人だった遠藤誠弁護士（当時）が奥さんと二人で、彼の生まれ故郷である網走を訪れたのだ。万一の場合は、骨をオホーツク海にまいて下さい、という彼の生前の言葉に従って、残り少なくなった遺骨を持ってきて、船の上から散骨をした。

永山則夫は、この網走に生まれ育った。彼にとって、網走というのは、どんな街だったのだろうか。北海道東北部に位置した、遠い地の果て、というような印象だろうか。

その年の一年間、私には悶々としたものがあった。処刑という事実の重さもさることながら、その数カ月前に、彼の身元引受人が辞任して空席だったこと。新しい身元引受人を遠藤弁護士らが歌手の新谷のり子にお願いしようとしていたこと。そして新谷が引き受けようとして思案していた最中に、処刑されてしまったこと。獄中には膨大な未発表原稿が残されていたこと。永山子ども基金が発足し、印税やカンパで基金にカネが積み立てられ、彼の最後の言葉に従って、ペルーの貧しい子供たちのための送金が始まったこの事実。そして七月には基金を記念したコンサートが東京・新宿で開かれたことなど、彼にまつわる話は続いていた。

新聞記者として追いかけていたが、永山は犯罪者だ。これをどう解釈して記事にすればいいか、迷った。

私自身、彼が獄中と法廷で問いかけ続けた「貧困と無知」というテーマになかなか答えが出せないでいた。永山裁判は当の裁判所の判断が揺れて、死刑と無期懲役に揺れ続き、最終的には死刑の判断基準を縛る最高裁判決が出ている。

彼の唯一の贖罪だったのは、獄中で己を見つめて執筆活動することだった。それで十分ではなかったのだろうか。人の生命を奪うのはあまりに簡単すぎた処刑だった。

そんな中、弁護人の遠藤誠弁護士が網走入りして、小型遊漁船をチャーターし、一部報道関係者を乗せて散骨するという話を聞いた。たまたま北海道新聞網走支局長が私の知り合いで、今回は北海道新聞が散骨の手配をしている、という情報をつかんだため、私は支局長にお願いをして取材したのだった。

当時、私は朝日新聞上越支局に転勤になっていて、休みを取り、新潟空港から女満別空港経由で北海道・網走に宿泊した。

それにしても網走は遠かった。

散骨には、遠藤弁護士の奥さんが骨壷に入ったわずかな遺骨を、ひとつまみ、ひとつまみ、大切な薬を扱うように、海にまいた。その後ろでは遠藤弁護士が読経を続けた。

いろいろ書きたいことはあった。だが新聞記事というレベルで考えると、どうしても書き込むバリューはなくなっていた。

既に出した予定稿を手直ししてもらい、私は簡単な原稿を夕刊に送った。本紙夕刊社会面には一段の横見出しの記事が、道内に配達される紙面では三段扱いの記事が出た。


《昨年八月、東京拘置所で刑が執行された連続射殺事件の死刑囚、永山則夫さんの一周忌にあたる一日午前、弁護人だった遠藤誠弁護士らが北海道網走市のオホーツク海で遺骨の一部を散骨した。網走港からチャーターした小型船に乗った遠藤弁護士は「則夫ちゃんにとって網走は生まれ育った故郷で、甘くもつらい場所。安らかに眠ってほしい」と話した。

永山さんは死刑確定後、遺骨はオホーツクの海にまいてほしいと望んでいたという。昨年八月、元妻が網走で遺骨の大部分を散骨。今回は残った遺骨の一部をまいた。

処刑される際には、刑務官に「著書の印税を、日本、世界、特にペルーの貧しい子どものために使ってほしい」などと最後の言葉を述べた、とされる》

社内的には、死刑という刑が完了したことで、「永山さん」か「永山・元死刑囚」にするかどうかの是非も議論になった。もう確定死刑囚ではないためだ。結局、私の主張した「永山さん」となった。

一介の新聞記者にとって、この永山が問いかけたドラマを書くにはやや重すぎたのかもしれない。スケールが大きすぎて、わずか数十行の記事では、とても納まり切れないのだ。私は北海道・網走から離れる時、無気力感と虚脱感を感じとっていた。

▼執行の衝撃

その一年前の死刑執行は衝撃だった。一九九七年八月一日、計四人に対して死刑が執行された。当時はまだ法務当局が死刑執行を公表していない時代だった。

最初は、札幌拘置支所の死刑囚夫婦の執行だった。北海道新聞が早版から特ダネとして報じていた。だが確認の末、他にも二人、死刑の執行があった。そのうちの一人が東京拘置所の永山だった。

永山はこれまで弁護人らに「死刑執行の時は全力を挙げて抵抗する」と話していたという。

その日午前、東京拘置所では絶叫が聞こえた、という証言もある。同じ死刑囚、大道寺将司（当時）の証言だ。

《九時前ごろだったか、隣の舎棟から絶叫が聞こえました。抗議の声のようだったとしかわかりませんが、外国語ではありませんでした。その声はすぐにくぐもったものになって聞こえなくなったので、まさか処刑場に引き立てられた人が上げた声ではないだろうなと案じました。（中略）懸念を深めるばかりで、八月二日（土）を迎えました。午前中の新聞の交付がいつもより遅くなり、ぼくの分は別扱いされて看守が持ってきました。折り畳まれたものを開くと、『朝日』の八月二日付朝刊の一面左上が大きく黒く塗りつぶされていました。前日、誰かが、東京拘置所で処刑されたのでしょう》

《人命尊重を口にしつつ死刑を執行し続ける政府、法務省に怒りを禁じ得ません》
（八月三日付『キタコブシ』）

その新聞の塗りつぶされた記事こそ、札幌での夫婦の処刑であり、永山則夫の刑執行だったのだ。

《八月一日の朝に絶叫を聞いたと書いた手紙にクレームが付けられたので、広辞苑で〝絶叫〟の意味を調べました。そうすると、「声の限り叫ぶこと」とあります。そこで、「叫ぶ」を調べると、「大声を上げること」とあります》

《八月一日の朝のことを改めて想い起こしてみました。ぼくが耳にしたのは、隣の棟で、何かに怒り、あるいは抗議して上げられた大声でした。ちょっと声の調子が高かったというようなものではなく、短い時間でしたが、振り絞った声に聞こえました。ですから絶叫という表現が間違いだとは思いません》

（八月九日付『キタコブシ』）

はたして、それは永山則夫の最後の叫びだったのだろうか。とすると、法務当局が言う「死刑囚の心情の安定」とは何だったのだろうか。

抵抗の跡を隠すため、大急ぎで火葬したのではないか、という遠藤誠弁護士の推測もあながち誤りとは決めつけられない。

だが、残念なことに、これを実証することは出来ない。絶叫が聞こえた、と言うが、だれの叫びだったかは証明できない。

▼揺れた判決

永山は当時、世界的にも有名な確定死刑囚だった。獄中で作家活動に目覚め、その作品は世界的な評価を得ていた。

一方で彼の裁判判決は死刑と無期判決で揺れた。

東京や京都などで警備員やタクシー運転手四人を次々と殺害した事件の被告として、永山に対して一九七九年の東京地裁は死刑判決を出すが、八一年の東京高裁では逆に無期懲役の判決を出した。裁判長の名をとって「船田判決」と後に呼ばれるようになる。

判決では情状を検討して、犯行当時、十八歳未満の死刑を禁じている少年法を引き合いに出し、永山は犯行当時十九歳の少年だったが、精神的成熟度では十八歳未満の少年と同じだったこと、劣悪な環境で育った永山には早い機会に国が手を差し伸べるべきであり、福祉政策の貧困が犯行原因の一端であること、獄中結婚した女性も、被害者遺族に対して贖罪の生涯を送ることを誓約したこと、獄中での著述活動で得た印税を被害者に送っていることを挙げて、無期懲役を導き出したのだった。

船田判決について、検察官、裁判官の衝撃は大きかった。検察当局は「船田判決は死刑の適用を事実上不可能にするもので、死刑廃止に等しい」と批判。最高裁に上告した。

これに対して最高裁は八三年、船田判決を破棄して、東京高裁に審理を差し戻した。この時の最高裁判決は、死刑の適用について一定の基準を示した点で、その後の死刑判決に決まって引用される重要な判決となった。

つまり、「犯行の罪質、動機、態様ことに殺害方法の執拗性・残虐性、結果の重大性ことに殺害された被害者の数、遺族の被害感情、社会的影響、犯人の年齢、前科、犯行の情状等」を、量刑を決める因子として初めて明示したのだった。

そして差し戻し控訴審で東京高裁は八七年に死刑判決を、さらには最高裁が九〇年、上告を棄却して、死刑が確定した。

永山の弁護人だった弁護士、大谷恭子の当時の言葉を紹介したい。

「死刑判決となった東京高裁の差し戻し控訴審の後、『一度は生きたいと思わせておいて殺すのがお前たちのやり方か』と怒りをあらわにしていた姿が目に焼き付いている。

あらゆる弁護活動をやり尽くし、後は精神鑑定しかないと考え、随分と議論したが『自分を犯罪に追い込んだのは無知や貧困、差別であり、裁判所には裁く資格はない。自分の言いたいことを法廷で明らかにしていく』と聞き入れてくれなかった。

あの人は家族にも見捨てられたと思っており、家族の愛に飢えていた。破局という結果に終わったが、一度は結婚し、家族の愛を得て生きようと思った人を死刑にする必要があるのだろうか。半年か一年前、その女性から『熟慮したけれど、死刑が執行された際、遺体の引き取りはできない』という連絡があった。そのことを彼に手紙で知らせたが、返事はなかった。

彼は死刑について『国家の犯罪だから断固、反対だ。絶対に最後まで戦う』という持論だった。果たして、彼の最期はどうだったのか。従容として死についたのかどうか、知るのも怖いけれど、知らなければならないことだと思う」

彼は、何かに追いかけられるようにして、生きようとしたのだろうか。何が彼を追いつめようとしたのだろうか。

▼網走生まれ

改めて永山の経歴を見ていた。

一九四九年六月二十七日に、網走市呼人番外地で、八人兄弟姉妹の四男として生まれた永山少年は、昭和という時代で、どんな生き方を演じることを強いられたのだろうか。リンゴせん定職人だった父親は賭博に走り、後に失踪してしまう。

彼が最後まで訴え続けた無知と貧困。五歳の時に母親は四女を連れて家を出てしまい、兄弟四人が両親不在のまま一冬を過ごした、とある。青森県北津軽郡板柳町の母親の元に引き取られるが、家出を繰り返すようになり、学校すら行かない状態になった。中学は認定卒業だった。

手元にある資料を見ても、何か追いつめられるような生き方を、彼は演じ続けていた。「金の卵」とうそぶかれた中卒での集団就職。高度経済成長が始まるその時期に、期待と不安の中で、永山少年も上京したのだった。

永山は一九六五年、都内のフルーツパーラーに就職したものの、数カ月勤めただけで、転職を繰り返すようになる。

九月には横浜からイギリスの貨物船で香港に密出国するが、船内で発見されて強制送還される。宇都宮市内の自動車修理工場に就職するが、一カ月もたたないうちに、窃盗未遂事件を起こして少年鑑別所に収容されている。引き取られた長兄の家を出てヒッチハイクで大阪に行き、米穀店に就職するが、就職のために取り寄せた戸籍に「網走番外地」という記述があるのを見てショックを受けている。網走番外地というのは、網走刑務所のことだと連想した永山は、雇用先にそのことを誤解されるのを恐れて戸籍を提出しなかった、とある。

米穀店を退職した後、再び東京に戻り、池袋の喫茶店に就職するが、同僚とのトラブルで半月後に退職した。その後、羽田のホテルのボーイに採用されたが退職。浅草のテキヤの見習いをするが半月で出てしまう。

一九六六年九月に、横須賀の在日米海軍基地に侵入し、自動販売機からコインを盗み出したところをMPに発見され逮捕。横須賀警察署から横浜少年鑑別所に移送され、横浜家裁横須賀支部での審判で「試験観察」処分を受けている。その間、川崎市のクリーニング店に「補導委託」され、翌年解雇された。

希望通り、明大付属中野高校（定時制）に入学したものの、保護観察の処分を巡るいらだちなどで学校も欠席し、除籍処分になっている。

六八年には神戸港からフランスの貨物船に乗って密出国を行おうとするが洋上で発見され、出入国管理令違反容疑で逮捕。観護処分で横浜少年鑑別所に移送される。

その後、東京少年鑑別所に移され、東京家裁で「不処分」の決定が出て釈放される。明大付属中野高校（定時制）に再入学してクラス委員長に選ばれるが、住み込みで働き始めた牛乳販売店の集金約三万円を持ち逃げして、再度中退。五月に郷里の母親宅に身を寄せるが、横浜で沖仲仕に従事したり、自衛隊の試験を受けたりした。

そして、永山事件の犯行の端緒となった、短銃窃盗事件と続く。

タクシー運転手らを次々と射殺して、一九九〇年に死刑判決が確定し、東京拘置所から生きて出られることはなかった。

▼届かなかった手紙

永山の死刑執行から三日後の八月四日、東京・小菅の東京拘置所。遺体を引き取るため、弁護士の遠藤誠ら四人が拘置所側と交渉していた。

永山が語ったとされる最後の言葉を拘置所側から聞いていた。永山が処刑直前に刑務官に言った、とされる最後の言葉だった。

もっとも最後の言葉とは言っても、それは四人の弁護士が永山本人から直接聞いたわけではない。拘置所の人間が、遺骨を引き取りに来た遠藤ら四人の弁護士に、伝えただけの話だ。伝聞なのだ。

正確には次の四点を述べていた、とされている。

永山は執行の直前、遠藤弁護士に以下のことを伝えてくれと言われた。

1　私の領置品、領置金（約二万七千円）のすべてを遠藤弁護士に渡して欲しい。

2　元身元引受人の自宅にある物もすべて遠藤弁護士に渡して欲しい。

3　私の華の小説の原稿を出版し、その印税で、新谷のり子さんと遠藤弁護士が共同して、日本、世界、特にペルーの貧しい子どものために遣って欲しい。

4　新論理学の原稿についても、中国大使館を通じて中国の研究者に渡して欲しい。日本の研究者には任せられないので。

永山の最後の言葉を記者たちに披露していた遠藤誠の表情は不機嫌なように私には見えた。永山は、拘置所当局の独自の判断で、そのまま荼毘に付されていた。遠藤は実はそのことに怒っていたのだ。

そして、遠藤が一カ月前に、永山に最後に宛てた手紙が未開封のまま、「お返しします」と返却された。

手紙は届かなかった。

この手紙とは、実は身元引受人についてのやり取りだった。

その時、私には分からなかったが、岐阜県に住む永山の身元引受人がその年の春から辞めてしまい、空白になっていた。

永山本人の希望をかなえてあげようと、遠藤は歌手の新谷のり子に打診していた最中だったのだ。

突然聞く「新谷のり子」という名に、「ああ、あの歌手か」と思い浮かべるのは何人いるだろうか。

反戦歌『フランシーヌの場合』でデビューした新谷は、各地で平和や差別をテーマに歌い続けてきた。阪神大震災では発生以来、毎月のようにボランティアに通い続けている。永山とは一度だけ、正確には一回半、手紙の交換をしただけの仲だ。それが、どのような発想で新谷に自分の身元引受人に託そうという気になったかは分からない。ただ、いろいろな集会に出て、死刑廃止とうたったことはあるし、そのことを永山なりに評価していたのではないか。永山が処刑されてしまった以上、憶測でしかないのだが、新谷に自分のメッセージを託そうとしたことだけは間違いない。私はそう思っている。

永山はそこまでして、新谷のり子という女性に、自分の気持ち、思いをぶつけようとしていた。そう考えられる。

後に、私は新谷にインタビューした。

新谷によれば、獄中にいた永山則夫から突然の手紙をもらったのは、一九八九年のことだ。

「死刑廃止のための歌を歌ってください」

とあった。自分の母のことなど、簡単な返事を出した。続いて、彼から再び手紙が届いた。

「新谷さんは新谷さんで出来る歌を通して、死刑廃止活動してください」

と書かれていた。私も見せてもらったが、独特の太い字だった。

母親の死などが重なり、手紙のやり取りはここで終わる。

「集会で呼ばれたこともあったが、私にとって死刑は遠いものに思えた」

それが再び、接点が出来るのは、永山本人が弁護人の遠藤に対し、新谷を身元引受人とするよう依頼する手紙を出したことだ。

これが話を複雑に、そしてドラマ化させた。遠藤が、永山から来た依頼の手紙を、新谷に見せたのだ。その日付がドラマ性を作った。

「死刑執行の前日でした。その手紙を見せられて、今度こそ彼と向き合おうと決意した矢先の訃報だったんです」

新谷に言わせれば、その依頼の手紙は、永山の処刑前日に届いたというから、最悪のタイミングで処刑の報を、新谷は聞いたことになる。

私にこう述べた後、新谷は思い出しては涙ぐんだ。

突然の連絡に、一人大声をあげて泣いた。

「永山則夫さんに、何もすることが出来なかった」

という思いと悔しさが交錯した。

新谷は今度こそ引き受けるつもりで、十日間の余裕をくださいと返事していたのだ。遠藤に言わせれば、

「大事な問題だから、結構でしょう。軽々しくお受けになると途中でつらくなりますから、考えていただいて結構です」

と受け止めて、その旨を書いた手紙を永山に出した。これが届かなかった未開封の手紙だっ

た。

今回の永山則夫の執行について、謎の部分も未だに多い。

後に分かったのだが、永山の女性支援者の一人が、偶然にも東京拘置所で本人に面会できているのだ。しかも執行の四日前の七月二十八日にだ。

永山は身元引受人が空白になってしまい、何人かに依頼の手紙を書いていた。

その女性は、永山が出した身元引受人の依頼の手紙を持って、永山本人と話し合うために、面会の申請を出した。拘置所側の人間と、その上司とのやり取りの後、永山本人に面会できた、というのだ。

死刑囚との面会は、通常だと弁護士や教かい師以外は、限られた親族に限定されている。通常だと、いくら身元引受人の相談だとしても、あり得ない。面会できたこと自体、極めて異例のことだ。

よく日付を見てほしい。

この女性支援者が、永山に会ったのが七月二十八日の月曜日。永山の処刑は八月一日の金曜日。私はこの二つの日付を見て、体が震えるような思いをした。

何回か書いてきたが、死刑執行は法務大臣が執行命令書にサインしてから五日以内に行うことが定められている。もっと正確に言えば、拘置所所長からの報告が元になって死刑執行の起案書が作成され、そこでサインがされる。土日は、役所は閉庁しているから、五日以内、つまり金曜日から逆算すると、この女性支援者が面会できた日というのは、実は永山への死刑執行命令書が出された日である可能性が極めて高い日だった、ということなのだ。

そして、永山は、今度は新谷のり子に依頼するよう、遠藤に手紙を書いたのだった。これが結果的に最後の手紙となったわけだ。

この日時の時間差を考えると、これは偶然ではない。拘置所当局は、一部幹部だけではあったが、死刑執行にゴーサインが出されたことを知っているからこそ、支援者への面会を許可した。そうとしか考えられない。既に執行の準備時期に入っていた拘置所は、あらかじめ死刑執行の準備をする一方で、身元引受人不在のまま、執行に突っ走ったことになる。

国家というものが一九九七年八月一日という日を処刑日に選び、そのことを知らぬまま、永山もそして、この支援者も、弁護士の遠藤も、そして歌手の新谷も踊らされてきたのだろうか。それは、同じ日に処刑された札幌拘置支所の日高安政と妻・信子の夫婦の死刑囚夫婦も同じだった。昭和の舞台で演じた悪役は、平成の年になっても悪役として、否、ピエロを演じ続けなくてはならなかった。

ここ数年の日本の死刑執行というのは、極めて恣意的な面が強くなっている。国家の強い意思が、人々に対してそれぞれの役割を与えている、ということなのだろう。

私は再度、新谷のり子にインタビューし、それを朝日新聞「ひと」欄に記事を書いた。

▼通　夜

営団地下鉄（当時）丸の内線に乗って、茗荷谷駅で降りると、目的の寺はあった。

その年の八月十四日、東京・林泉寺。

永山則夫の葬儀・告別式が始まるところだった。

報道陣のほうが、参列者の数より多いようにも見える。新聞記者や雑誌記者、カメラマン、テレビクルーなど数十人が、狭い寺に来ていた。その事実こそが、改めて、「永山という人間は有名人なんだ」と思い知らされたような気になった。

一連のセレモニーが終わって、なおらいが始まった。

席上、遠藤が司会となって参列者があいさつした。

ある中年の女性は、自分の人生と永山の半生を重ねて、貧しさからはい上がった思い出を語り続けた。

作家の佐木隆三もいた。出版社の編集者もあいさつした。ながらく支援活動に携わっていた者もいた。

ビールなども出され、私はほろ酔いかげんで話を聞いていた。

なおらいの席というのは、あの世に逝った死者に対する思い出を語り、楽しく送り出すことだ、と私は信じている。そうだとしたら、親しい遺族だけで、泣き笑いの場があったのだろうか。

永山の遺骨は、通夜の席に祭壇に置かれ、葬儀・告別式の翌日、元妻が遺骨の一部を引き取った。そして彼の希望通りに、遺骨は北海道オホーツクの海にまかれたのだった。

（了）

（この項は拙著『極刑を恐れし汝の名は』から一部引用し、加筆して大幅に改稿しました）

J 国鉄分割・民営化と音威子府

▼音威子府

北海道北部に位置する音威子府村は、かつて鉄道の街だった。宗谷線と天北線が分岐する音威子府駅を持ち、乗換駅として栄えていた。村の人口の半数以上を鉄道関係者で占めた時期もある。

時代が昭和から平成に変わろうとした時、この村を襲ったのが、オホーツク沿岸で暮らす人々には大切な赤字長大路線の天北線廃止であり、国鉄の分割・民営化に伴って実施された大合理化だった。鉄道員たちは、「国労員」という肩書だけで選別・解雇された。

二〇〇二年秋、冬が訪れようとしていた音威子府村へ私は取材に向かった。取材対象として選んだのは、現地で闘争団を組みながら生活する国労員の姿だった。国鉄を解雇され、それでも現場復帰を求め、裁判などで闘いながら、アルバイトをして生活する男たちの姿を描きたかった。現代史の負の遺産として忘れさせないためにも、私は記事に書く必要があった。

私は事前の取材をかなりしてから、音威子府に行く準備を進めた。

札幌駅から特急で音威子府駅に到着し、現地の国労音威子府闘争団の事務所で元鉄道マンの話をずっと聞いていた。さらには、メンバー五人と飲食店に場所を移して、飲食しながら、取材を続行した。

その日は結局、九時まで取材を続けていた。五時間、話を聞き続けた。

闘争団の団長に宿泊先の天塩川温泉まで車で送ってもらい、チェックイン。食事が用意されていた。私は客が誰もいない座敷で、ビールを飲みながら食事をした。

翌日は午前九時に闘争団団長が宿泊施設まで車で迎えに来てくれて、闘争団メンバーが続けている羊羹《ようかん》作りと木工作りの現場を案内してもらった。闘争資金を作るための羊羹作りであり、木工作りだった。

そして道路工事現場で働いているメンバーのところにも、雨の中を案内してもらった。落石防止の柵造りをしていて生コンを注入する現場を取材した。

雨は降り続けていた。ようやく小やみになったところで、音威子府闘争団の事務所に戻って、羊羹五つを購入し五千円を差し出して、おつり二千五百円をカンパに渡した。昨日の飲食付きのインタビューで、金を出していなかったからだ。

▼四党合意問題

私が音威子府村を訪れた時期、国労問題は新たな局面を迎えていた。「四党合意」を受け入れるかどうか、国労執行部と各地闘争団との闘争方針の違いが鮮明になってきて、国労の組織そのものの存在意義が問われる状態になっていたのだ。

東京では近く国労大会が予定されていた。「四党合意」について受け入れか否かという大きな議題があった。

「四党合意」とは国会で二〇〇〇年五月に政府与党の自民、公明、保守の三党と社民党が提案したもので、国労員のＪＲ不採用問題を解決するために、国労側に「ＪＲに法的責任がない」ということを認めさせたうえで、人道的な視点から解決する努力をする、という内容だった。国労は「苦渋の選択」として「四党合意」を前提とした運動方針を採択した。臨時大会でも、あくまでも受け入れる運動方針案を賛成多数で可決した。しかし、四党合意については、未だに具体的な解決策が示されないままになっている。私が訪れた年の四月には、四党合意を与党三党が離脱する「揺さぶり」の通告を社民党にかけてきた。

その議題をどう受け止めているのか、それを知りたいための今回の取材だった。

私は帰りの列車でこんな趣旨のメモを、ノートパソコンで書いていった。新聞記事でいう前文にするためのメモだ。


《札幌からJRディーゼル特急で北上し三時間半。人口わずか一千二百人の音威子府村はかつて鉄道の街として栄えた。宗谷線のほか、オホーツク沿岸で暮らす人々には大切な天北線への乗換駅でもあった。村の人口の数割が鉄道関係者で占めた時期もある。時代が昭和から平成に変わろうとした時、この村を襲ったのが、赤字長大路線の天北線廃止であり、国鉄の分割・民営化に伴って実施された大合理化だった。鉄道員たちは、「国労員」という肩書だけで選別・解雇された。この村で彼らは何を夢見て生きてきたのだろうか。国労大会を前に現地を訪れた》

そしてそれぞれの労働者の話を、こんなメモにしていった。以下の原稿は当時書いた記事化される前のメモだ。

《音威子府駅から国道を手塩川沿いに北上した。その国道沿いで行われていた落石防止工事現場に、元国労員の男性はいた。降雪期を前にした冷たい雨が降り続け、トラックや乗用車が片道一車線規制の道路を水しぶきを上げて走る。その道路のがけの上で、他の作業員約二十人に交じって、生コンの注入作業を黙々と続けている。午前七時から夕方の五時まで続く工事作業だ。

音威子府駅で改札などの営業係として働いていたが、国鉄を解雇され、そして国鉄精算事業団からも解雇された。解雇撤回を求めて国労音威子府闘争団が結成されて、その闘争団のメンバーの一員になった。闘争団は、闘争と生活のため、道北の建設会社数社と契約した。その時その時に派遣され、臨時雇用のアルバイトとして働き続けてきた。とび職も経験した。

「終わったら帰宅して、疲れて眠ってしまう。だけどきょうも頑張れたから、明日も頑張ることが出来る、と信じてここまできた」

二人の子供は中学生。親父が鉄道マンだったことは知らない。「そりゃ、元の職場に戻りたいですよ。仲間もいるし。そのために生きてきたのだから」

別の元国労員も、工事建設現場で働く一人だ。朝から夕方まで各地の工事現場で土木作業員として働く。もうベテランの域に達して、建設会社からの信頼は厚い。月収は一度闘争団に渡り、その中からもらうのは、わずか五万円。老人介護のケアマネジャーの妻の収入が頼りだ。

駅構内で列車を誘導する構内指導係だった。解雇された時を振り返って、「あの時、もしかしたら、という淡い期待もあった。だけどここまで来ると、金よりも労働者として元の仕事をしたいというプライドだけ。だから今の労働で賃金がいくらになるか気にしない」と話す。

子供が二人いる。長男は高校野球部の一年生。同校は今年の高校野球選手権大会で北海道北の代表として甲子園に進んだ。レギュラーではないが、憧れの甲子園球場で先輩を応援した。夫婦は、東京の労働者仲間のカンパで甲子園球場の観客席で観戦することが出来た。「子供たちの方が目標をきちんと持っていた。親の僕も頑張らないと、と思う。何の理由もないまま解雇されたのだから、最後まで闘う」》

羊羹作りや木工作りについても、こうメモに書いた。

《音威子府駅に近い建物の厨房では、メンバーによる羊羹作りが始まっていた。闘争団が設立した「労働者協同組合おといねっぷ」の名前で売り出している。

鎌倉のしにせ菓子屋にメンバーを和菓子修業に行かせ、そこで学んだノウハウを採り入れた本格派の羊羹だ。仕入れた小豆を前日から水につけてゆで、練りあんや小豆粒入りを作っていく。甘い独特の香りが漂ってくる。白い作業服を着用していると、かつて鉄道マンだったことは、他には分からない。

この日作業をしていた四人のうちの一人はぼくとつな雰囲気を持つ。「あんをこす時に相当な力が必要で、腱鞘炎になったこともある。力が必要な仕事なんです」

一本五百円。計五種類の羊羹を月曜日から土曜日まで生産し、その売り上げが闘争団の資金とメンバーの生活費になっていく。販路の拡大が当面の課題だ。

菓子職人のような雰囲気を持つが、元は音威子府駅営業係として改札業務などをしてきた。それが国鉄の分割・民営化で人生が変わった。「人がだれもいない無人駅舎に行かされ雪かきをさせられたこともある」。始発列車の走る前に行うから、無人駅に一人泊まり込んだ。その時の光景は忘れられない》

《羊羹が作られているころ、ここから数百メートル離れた駅裏の木工所では、別の国労員が木工作りを始めていた。筆入れ、名刺入れ、ペンケース、そして置物としてオートバイのパズル模型。精巧な仕上がりだ。当初はなれなくて、切り傷が絶えなかった。

駅構内で列車の連結などを指導する構内指導係として働いていた。

解雇された時の思いは鮮明だ。人材活用センターに入れられ、夏は草取り、冬は雪かきだけの毎日。国鉄精算事業団に行ってからは、小学生低学年が行うような、平仮名の読み書きをやらされた。「現場の業務から外されて、しかも好きな鉄道運行のために雪かきをさせられていた。悪いことをしたわけではない。当局はまず謝罪してほしい」。こう強調するが一方でこうも言う。「現場に戻りたいかと言われても、今のＪＲには魅力を感じないのも事実なんです」

この木工所は撤退した石油会社の施設を村が買い上げ、闘争団に貸与している。施設だけではない。居住もそうだ。メンバーとその家族のほとんどは、村がＪＲから買い上げたアパートに住んで生活している。

闘争団のメンバーは事務局以外の人間は、工事現場などのアルバイト、羊羹や木工品などの物販などに分かれ、それぞれが仕事をし、得た収入を闘争団がプールする。そして自己申告によって、生活費が分配される。だれも文句は言わない。家族を含めて約百四十人は、共同体となって、裁判闘争と生活を続けている。

「村や村人にはいろいろお世話になっている。狭い村なんです。みんな運命共同体、と思っている」とメンバーの一人は話した》

まさに運命共同体だ。

各地の闘争団は、国鉄に解雇された国労員救済のために結成された。地労委などを舞台にした闘争と、生活維持を目的とした。当時、道内各地に闘争団があり、うち九つが道北に集中している。

各地の地方労働委員会は、ＪＲに対して不当労働行為があったとして、救済命令を次々と出し、中労委も追随した。ＪＲ側はこれを不満として、行政訴訟を起こし、東京地裁では、ＪＲの請求を認め、中労委命令を取り消す判決を出し、東京高裁でも国労側の控訴を棄却する流れもあった。「四党合意」はこの流れの中で出された。

音威子府闘争団のメンバーは「四党合意そのものが崩壊しているのに執行部はなぜかしがみつこうとしている。このままでは国鉄、国鉄精算団に続いて、今度は国労に解雇されるようなもの。三度目の解雇になってしまう。執行部の中心メンバーが現場の闘争団を見切った」と激しく批判していた。

▼国労大会

その年十一月に開かれた国労大会。旧社会党本部の建物を使って二日間で議論されたのは、「四党合意」を受け入れるか、否かということだった。

私は札幌からの出張で、その国労大会を取材した。

その前打ち記事を出すため、こんなメモを書いている。

《国労員のＪＲ不採用問題で、焦点になるのは、「ＪＲに法的責任はない」とした四党合意の行方だった。国労大会で執行部は、あくまでも四党合意を前提とした運動方針案を可決しようとする議事運営で乗り切ろうとしている。これに対して、「譲歩に譲歩を重ねただけで、何の解決もできない」と四党合意そのものを批判し続けてきた各地の闘争団とそのメンバーらは、執行部に対し強い不満を持っており、四党合意そのものが雲散霧消する可能性も出ている》

実際の大会では、想定したとおり、「四党合意」で意見が対立した。「ＪＲに法的責任はない」とした四党合意を前提に、政府与党に救済を求めようとする執行部と、「具体的な解決策が出ていない」と四党合意そのものを批判し続けてきた各地の闘争団メンバーらとの溝は、今回も全く埋まらなかった。

大会は初日から、四党合意を目指す執行部の「二〇〇一年度の運動総括」と「二〇〇二年度運動方針案」に対して、各地の闘争団を擁護する代議員の意見が相次いだ。

「四党合意はとっくに終わっている。この四党合意に従うというなら、具体的な根拠を示してほしい」

「今こそ四党合意を清算して、新たな道を探ってほしい」

この訴えを、各地から集まった各闘争団メンバーは傍聴席で聞いていた。音威子府闘争団のメンバーは「実態は崩壊してしまった四党合意に、なぜ執行部はしがみつくのか分からない」とつぶやいた。

執行部は「四党合意は現実的な選択。一番ベターな選択」と強調。闘争団メンバーら二百八十三人が今年になって、鉄建公団を相手取り新たに起こした訴訟をも批判した。「問題になっているのは、鉄建公団訴訟です。せめて（原告団の人数を）二けたにしないと、というのが与党の考え方」と強調した。

執行部の答弁は、四党合意を批判する闘争団について、「一部闘争団」という表現で批判を繰り返し、会場傍聴席からは時折、ヤジが飛び交った。

大会二日目も意見が対立した。

結局、執行部は四党合意を受け入れ、一部闘争団は新たな闘いを模索するようになる。

大会の会場周辺は、今回も警視庁機動隊が警備しており、「組合の大会に機動隊が警備するなんて」という声も聞かれた。執行部の議事進行に不手際も加わり、会場からは時折、ヤジが飛び交った。

その後、国労問題は紆余曲折を経た。しかし、闘争団の国労員救済はなかなか進まず、高齢化が進むだけで放置されたままになった。闘争団は国労にも切り捨てられたのだった。

▼再　訪

音威子府村に再び訪れたのは、六年以上経過した二〇〇九年一月だった。

私は転勤で北海道報道部を離れて、群馬県・渋川支局に赴任していた。

国労が鉄建公団を相手に新たな訴訟を起こし、その判決を前に、案内状が前年十一月、私に届いたのだ。

《マスコミ関係者各位
北海道国労闘争団現地交流の旅へのお誘い

お忙しくご活躍のことと存じます。

さて、解雇撤回闘争を二十二年間闘い続けている元・国鉄労働者と、その家族が北海道の現地でどのような活動をし、生活と闘いを両立させて来たのか、マスコミ関係者の方々に直に取材して頂きたく、ご案内させていただきました。

一九八七年の国鉄改革で、私たちは国労組合員であるが故に差別され、ＪＲ不採用となり、国鉄清算事業団で名ばかりの不誠実な雇用対策の後、一九九〇年に解雇されました。

国労以外の組合員も含めて解雇された労働者は北海道・九州を中心に全国で一千四十七人に上り、戦後最大の不当労働行為事件として現在もなお闘いが続いています。

解雇されて以降、私たちは拠点となる各地域に「国労闘争団」を立ち上げ、強固な団結の輪をつくり、自分たちの労働と生活の場を創出するため事業体を発足させました。仕事は、羊羹・味噌・木工品づくり（音威子府＝おといねっぷ）、いかの一夜干しの加工販売（稚内＝わっかない）、クリーニングの取次ぎ（名寄＝なよろ）など多種多様なものづくりやサービスが柱になっています。

こうした事業体を基盤に私たちはその能力に応じて働き、得た収入はプールし、各団員とその家族がその状況に応じて受け取る生活体制を確立しながら、解雇撤回のための運動に取り組んできました。闘争団は、労働・生活・運動が三位一体となった私たちの人生の拠点です。解雇されても、個々ばらばらに分散するのではなく、家族も含めて団結することで、苦しいながらも長期の紛争に耐え、ここまで闘い続けることができました。

裁判は現在、旧国鉄を引き継いだ鉄道・運輸機構を相手に、六つの訴訟（東京高裁三、同地裁二、横浜地裁一）に係属し、先行している鉄建公団訴訟は本年十二月二十四日に結審、〇九年三月には判決が出されるのではないかと言われ、大きな節目を迎えようとしています。

こうした中、二十二年間の闘いを支えてきた家族や当事者との交流、事業体の取材を通じ、マスコミに携わる皆さんに私たちの活動をご自分の目で直接見ていただき、肌で感じてほしいと考えています。

つきましては、下記行程で「北海道国労闘争団現地交流の旅」を企画しました。マスコミ関係者各位のご参加をお待ちしています》

こんな案内だった。

私は休みを取って、北海道に飛んだ。


羽田空港から日航で旭川に。あとは国労の車で音威子府に。途中、旭川ラーメンを食べて、名寄で国労名寄闘争団、音威子府では音威子府闘争団などの話を聞いた。夕食としてお握りと豚汁を食べた。メンバーも家族も比較的笑顔があって、私はホッとしていた。懇親会では午後十一時まで話を聞いて、そして私の部屋では北海道新聞記者と雑談をして午前一時まで懇親会をしていた。

元鉄道マンの闘いが続いているのを肌で感じ取った。

▼分割・民営化の正体

その私が当時勤務していた群馬県は、国労つぶしを実行した中曽根首相（当時）のお膝元でもある。

地元の国労高崎地本の取材も私はしていた。

その国労支援の集会が二〇〇八年十月に高崎市であるため、私は事前取材をした。私が音威子府村に再訪する数カ月前だ。以下は当時のメモだ。

《一九八七年の国鉄分割・民営化で国労員一千四十七人がＪＲに採用されず、未だに解決が出来ていない問題を県民にも強くアピールしようと、国労高崎地本と群馬国労支援共闘会議は来月八日、高崎市の労使会館で「群馬県集会」を開く。分割・民営化を強く推し進めた中曽根元首相のお膝元で、「分割・民営化の陰で、未だに生活に追いつめられている労働者がいることを分かってほしい」と訴える。

国鉄の解体で多くの国労員が解雇され、ＪＲ各社には採用されず、そのまま国鉄清算事業団に移された。一九九〇年の国鉄清算事業団解雇時には国労員一千四十七人がＪＲに採用されず、国鉄の末期には、仕事も与えられず、本来の職場から左遷され、駅構内の立ち食いそば屋やパン屋、自動販売機の補充作業などを与えられ、その一部は「いじめ」と報道されたことも多い。結局二度の解雇を受けて現在に至っている。

解雇された多くが北海道と九州に在住する国労員で、各地で国労闘争団を結成した。地元で経営事業体をつくって、解雇撤回の裁判闘争を繰り広げてきた。北海道・音威子府闘争団のメンバーは、木工や羊羹作り、道路現場作業員などで賃金を得て闘争団にプールし、国労員とその家族を支える生活様式を続けており、「ノアの箱舟」として闘争団の象徴とされてきた。一方で高齢化で仲間が亡くなっている。

集会は講談師神田香織さんが「国鉄労働者義士伝」と題して、「国鉄闘争団のある家族」の物語を熱演。これに続いて、北海道・北見闘争団の家族が登壇し、この二十数年の生活を披露し、これからの決意を述べる。国労高崎地本の幹部は「国鉄の分割・民営化は成功だったたと平然と言ってのける中曽根元首相の地元でやるからこそ意味がある」と強調している》

国鉄の解体で多くの国労員が解雇され、ＪＲ各社には採用されず、そのまま国鉄清算事業団に移された。一九九〇年の国鉄清算事業団解雇時には国労員一千四十七人がＪＲに採用されず、国鉄の末期には、仕事も与えられず、本来の職場から左遷された。このことを知らない読者に知ってもらおうと、このメモを元に原稿を書いた。

しかしこの前打ち原稿は大幅に削られた。デスクが国労問題に関心がなかったためだ。取材記者とデスクが問題意識を共有できないと、原稿は削られたり、ボツになったりする。実際の大会でも原稿はかなり削られて掲載された。

▼何が問題か

その後、旧民主党政権下の二〇一〇年四月、当時の与党三党と公明党が係争中の九百十世帯に平均二千二百万円を支払う和解案を国労側に提示。政府、国労側も和解に応じて、二十三年続いた長期闘争は終結した。

政治解決したことを受けて、音威子府闘争団はNPO法人に衣替えし、羊羹作りなどを続けている。その模様は二〇一七年四月十四日号の『週刊金曜日』に、国鉄の分割・民営化から三十年というテーマの特集記事の一本として描かれている。私が取材した闘争団長も登場している。

国鉄の分割・民営化は当時の中曽根政権が強行した国労つぶしだった。巨大な赤字を抱えて身動きができなくなった国鉄を、国労員だというだけで、切っていった。国鉄清算事業団という、得体の知れない組織を作り、そこに入れて、洗脳教育をしようとした。

そして効率化を名目に赤字ローカル線を次々に捨てていった。

国鉄がＪＲになったとしても、公共輸送機関であることは変わらないのに、ＪＲ各社は効率と採算を優先させている。新幹線建設と在来線の経営分離はその最たるものだろう。

前記の『週刊金曜日』のように、そうした問題意識を持って、国鉄の分割・民営化を論じるマスコミは、悲しいことに最近では皆無だ。

気になるのは、そうした労働者潰しが続いてきた「国鉄の分割・民営化」をキチンと理解できない人が増えていることだ。「国鉄の分割・民営化」を簡単に「国鉄民営化」と表現する記者も多くなった。軽すぎると思う。国鉄の分割・民営化という言葉には、労働者潰しがあった意味が深く刻まれていることを理解できないでいるように感じる。私はこの問題に関心を持ち始め既に三十年以上が経過するが、常に「国鉄の分割・民営化」という言葉にこだわり続けてきた。

国鉄の分割・民営化問題はまだ私にとっては取材が終わっていない現場の一つだ。


（了）

K

奥尻島津波

▼連載企画

北海道の日本海に浮かぶ奥尻島を巨大な津波が襲ったのは、一九九三年七月十二日の夜だった。奥尻島北方沖の日本海海底で発生した地震で、マグニチュード7・8、推定震度6の烈震が奥尻島を襲った。後に北海道西南沖地震と呼ばれるこの地震の影響で、津波が発生し、火災もあり、北海道西南沖地震としての犠牲者は死者二百二人、行方不明者二十八人を出す災害となった。

当時私は朝日新聞東京本社に勤務しており、いわゆるゼネコン汚職事件で仙台市長や宮城県知事などの首長が次々と逮捕され、その応援取材を続けており、津波発生直後の奥尻島に取材に行くことは出来なかった。

それがその十年後、転勤で北海道報道部（札幌市）に勤務している二〇〇三年の時に、デスクに声をかけられて、「北海道西南沖地震から十年」という連載企画を仲間と担当することになった。私は札幌から奥尻に何回も足を運んで取材を続けることになった。発生から十年が経過し、奥尻の人々は何を考え、生活をしているのか。そんなテーマを掲げた取材だった。事前取材と奥尻に行く準備を始めた。

▼奥尻へ

私の手元に残っている当時の日記やメモなどによると、私はその年、二〇〇三年五月二十七日に報道部のデスク、遊軍キャップ、カメラマンとともに朝日新聞函館支局を訪れて、支局長と二人の支局員と企画の打ち合わせを行っている。奥尻島は、函館支局の管内になる。今回の企画のテーマをデスクが説明し、それについて、各自が自分の意見を述べて、打ち合わせをしていた。三時間話し合った。「大体の方向が見えてメモした段階で確認し、お開きになった」と日記に残っている。

そのまま奥尻に行くか、周辺取材をした方がいいのだが、当時の私は遊軍という立場で、サッカーJリーグのコンサドーレ札幌の担当、さらには札幌市に翌年移転することになったプロ野球、北海道日本ハムの担当も兼ねており、翌日には札幌に戻るしかなかった。

日記にはこんな記述もあった。

「明日は十一時のスーパー北斗で札幌に戻らなくてはならない。夜勤である上、先ほど報道部から連絡が入って、日本ハムの記者会見があるという。

本当はこのままリサーチのため、奥尻または周辺を回った方がいいのだが」

本社勤務だったら、しばらくは奥尻取材一本で進めることができるが、人数が少ない北海道報道部の場合、遊軍にもスポーツ担当などが割り振られており、以降、私は奥尻と札幌を何回も往復することになった。


勤務する報道部がある札幌市から奥尻島に渡るには、概ね二つのルートがある。ＪＲ北海道の特急列車に乗るか、中型のプロペラ機で空路、函館に行き、函館空港から奥尻空港に行く小型機に乗るルートと、陸路日本海沿岸の江差町まで行き、ここからフェリーで奥尻港に行くルートだ。どちらにせよ時間がかかった。他の取材もあったため、私は行ったり来たりの取材を繰り返した。

現地ではレンタカーを使ったほか、朝日新聞函館支局のジープ型車をフェリーで支局員が持ってきてくれたため、そのジープ型車も使った。島の移動には、車しかなかったのだ。宿泊は民宿を多く使った。

島では津波の教訓から巨大な防潮堤が完成し、被害が大きかった青苗地区では、新たな区画が整理され、新しい住宅が建ち並んでいた。

被害者や関係者、行政の話を私は聞き回っていた。


当時の日記にはこんな記述もある。

「丘珠空港から、一時間遅れの飛行機に乗ったため、乗り継ぐ函館空港はややあわてた。出発前には、館内放送で、『はらゆうじさま、ご連絡があります。一階搭乗手続きのカウンターに』という案内が流された。ぎりぎりで乗り継げる、という説明に納得して、函館行きプロペラ機に。途中揺れがひどくて、下界は見ないようにしていた。

着陸と同時に機内の乗務員が私だけを優先させて誘導。その後、別の職員が次々と誘導して、十五人乗りのプロペラ機に搭乗した。

函館は海岸線の上空が雲に覆われていて、奥尻島までの約四十分の空路は曇っていた。

その奥尻に到着。

タクシーに乗って、約二十キロも離れた民宿に入った。タクシーの運転手に頼んで途中の青苗地区の津波災害現場に寄ってもらって、十年前の災害の話を聞いていた」

翌日には奥尻高校に行き、そして役場に行った。

函館支局員が乗ってきた支局のジープ型車を借りて、私は再び青苗地区に。津波でなくなった集落の跡地などを探してまわり、飛行機で到着した遊軍キャップと函館支局長をピックアップして、民宿まで届けた。

私はさらに図書館を探し出して、教育委員会にあることを知り、関連資料を探した。

その間、ここの課長が出てきて、朝日新聞函館支局にかつて勤務していたベテラン女性記者と知り合いであることを強調。その会話の中で、いろいろなヒントを教えてもらった。


この北海道西南沖地震が発生した十年前の一九八三年の日本海中部地震でも、奥尻島は津波災害を受けて、二人が犠牲になっていた。その教訓を生かすことが出来なかったことも、次第に分かってきた。痛々しい記憶だった。

『津波災害　増補版』(河田惠昭著、岩波新書)では、この奥尻津波について、津波の第一波が地震後三～五分で到達し、想定以上の高さの津波が到来したこと、多くの人が自動車で逃げようとして、丘に続く坂の手前で渋滞が起きて、被害が拡大したことなどを解説している。

▼取材メモ

被災者に対する取材を重ねて、その取材結果をメモにしていった。話は重かった。手元に残っているメモを紹介する（メモでは実名)。

▽Aさん、奥尻高校教頭

《中学校を卒業し、埼玉県のおじを頼って、川口の高校を卒業。一度、東京理科大に入ったが中退し、亜細亜大学に入り直して、卒業。高校の社会科教諭をした後、道教委に移った。

昨年、教頭として三十五年ぶりに島に移ってきた。

津波の時は、北海道江別市大麻の道庁職員住宅にいた。ニュースを聞いて、青苗地区の隣、富里にいる両親に電話を何回もした。しかし繋がらなかった。

そうこうしているうちに、NHKのテロップで、母がNHKの取材に応じて、「実況中継」をしているのを知って、驚くとともに、無事を知った。

列車とバスを乗り継いで、江差港に着いて、海上保安部の大型巡視船で奥尻に着いた。

甲板で寒い一晩を寝ないで過ごした。

ようやく着いた自宅は壊れていて、井戸の水が出なかった。

両親を江別の自宅に一時引き取って、町が盛り土して区画整備した分譲地を買って、実家を建て替えた。

将来は郷里に住みたい、という願いがようやく通じて、昨年ようやく転勤してきた。単身赴任。

だいたい二年か三年で転勤するから、また島を離れていくが、また戻りたい。島の人はおおらかで、海の楽しみも山の楽しみも堪能できる。

女房も島出身の同級生。定年退職後は島に戻るつもり。

親も心配だし、と話す》

そんなAさんに、「やさしいですね」と取材記者の私が言うと、涙を浮かべて、目を真っ赤にした。

▽B子さん、奥尻島津波館嘱託勤務
《二十年前の地震と津波は幼稚園の時。今でも覚えている。グラグラ揺れた。

十年前の津波は高校一年生の時。引き潮の音が、ゴーッとした。家の民宿が火事で焼き出され、父が趣味で持っていた舟は丘に流されて、奇跡的に無傷だった。

友人は海に流され、奇跡的に助かった。

私ですか。両親もここにいると、島は出られない。ずっといるつもり》

▽Cさん、奥尻町教育委員会社会教育課長・管理課長　当時の防災担当者
《消えた集落として藻内地区がある。約十戸。行政指導し、ここには防潮堤は造ることはできないので、ここでの生活は諦めてください、と言った。

Dさんは一人暮らし。山の手団地にいる。

E子さんも一人暮らし。

Fさんは息子のGさんと暮らしている。

藻内地区では漁業が主流だった》

▽民宿経営のHさんと妻I子さん
Hさん
《妻の両親が経営していた民宿が、青苗地区の真ん中にあった。地震当時、青苗の隣の富里の実家に住んでいた。突然の地震と海の引き波で起きる石のゴロゴロという大きな音が響いた。
その十年前の津波を思い出した。あの時は昼間で、つりに出ようとモーターボートに

乗っていた。突然の地震で引き潮になり、港の海の水がなくなって、海底にボートが落ちるような形になった。そして必死に逃げ回った。だから今回も間違いなく津波が来る、と直感した。

四輪駆動車で実家を出て、一キロ先の海岸線近くの橋まできた。橋が壊れて進めなかった。

突然、頭の上に津波のしぶきが飛んできた。あわてて車をバックさせて山側に逃げた。山側の道を何とか走らせて、青苗地区にたどり着いた。真っ暗だけど、よく見えるんだ。津波で民家という民家がすべて壊れていた。そして火事が発生していた。

民宿は大丈夫のように見えたが、そのちょっと手前まで火事が延焼しようとした。知り合いに相談された。火事を防いでくれと言われた。当時は建設会社に勤めていたからショベルカーを持っていた。だから、手前の家を一軒か二軒壊せば、延焼は防げた。しかしやらなかった。やろうと思えば、家を壊して、延焼を防げたと思うが、警察や消防に相談しても、だめと言われたようだ。

燃えるのをただ待つだけだった。

だけど今は思う。あの時、燃えるのをくい止めたら、逆にその古い家だけが残って、今のようなきれいな街並みにはなっていなかっただろう。

翌朝、まさかあんなに人間が死んでいるとは思っていなかった。

死んだ人間の数が多すぎて、感覚がマヒしていた。

歩く場所も車の通る場所もなかった。だから道造りを思いついた。

翌日から、そのショベルカーで奥尻中学に通じる道造りを何日も続けた。だれに頼まれた訳でもない。必要と思って、会社の同僚と二人で、五百メートル以上の道路を、がれきをかき分けて造った。警察も消防も役に立たなかった。

水も食料もなかったから、転倒して壊れた自動販売機をこじ開けて、みんなで飲料水を飲んだよ。そうしないと持たなかった》

J子さん
《引き潮の石の音。

漁船の係留しているロープの切断される音。

その時は、青苗の民宿でアルバイトをしていて、たまたま早く帰宅できた。あの時、早く帰っていなかったら、犠牲になっていただろう。

二十年前は、団地に住んでいて、娘の幼稚園に迎えに行こうと思っていた。

今年もそうだけど、こんないい天気で、海も凪。

こういう日が続くと気になっていく。

ネズミもすごい。海から山に何匹も上がっていく姿を、今年も見ている。

十年前もそうだったから、みんな気にしている》

取材を進めていったが、話の内容は重たかった。取材結果をメモで起こせば、原稿に一歩近づくということだから、それだけはホッとする。

▼さらに取材

さらに取材を続けて、メモ起こし作業を続けていた。

▽ペンション経営K子さん

《津波があった年の一九九三年五月に宿泊施設を夫（故人）と完成させて、あとは役所に出す申請書などの準備に取りかかっていた。そんな時に津波が発生した。一千五百万円を借りてようやく、という時だった。

地底からドンドンという音とともに地震が来て、その直後には横揺れ。怖くて頭がパニックになっていた。そうしたら二階で寝ていた夫が「何やっているんだ、前より大きな津波が来る、逃げろ」と真っ暗の家の中で叫んでいた。四番目の次女が寝ていた二階にようやく上がったら、次女は起きていてジャージ姿に着替えていた。

　けがをしたら困ると思い、靴下の入ったかごだけを持ち出して、夫の運転する軽トラックで逃げた。高台で一晩を過ごしたが、完成させたばかりの宿泊施設は、午前四時ごろ焼けてしまった。

　それからは青苗中学の体育館で避難生活。ストレスがたまって仕方なかった。ようやく仮設住宅に入り、十二月には道営住宅に入ることが出来た。

　今のペンションはその津波災害の三年後に完成させた。ようやく軌道に乗ったと思ったら、今度は夫の体調が悪くなり、落ち込んでいた。今から六年前の一九九七年に大腸がんと診断されて、函館や札幌の病院での入退院を繰り返した。「俺は、あの津波災害で体がボロボロになった」とつぶやいていた。

　そしてがんが肝臓に転移して、四年前の一九九九年九月に死亡した。

「あの時、お父さんに怒鳴られていなかったら、私は助かっていなかった。そう思うと、今あるのは、お父さんのおかげ、と思っているんです」

　夫は元々魚箱の製造を続けてきた。しかし魚箱は発泡スチロールに変わりつつあって、新しい商売として、ペンションを考えていた。

　四人の子供のうち、次男はお父さんの病気を考えて、大学を卒業後に札幌から戻ってきてくれた。あの時、一緒に逃げた次女は今、札幌で高校三年生。この写真があの子なんですよ。「かわいい顔をしていますね」と向けると、みんなが集まるお盆の時が一番楽しみ。子供たちがいるから、きっと頑張れるのだろうなあ、と答えた》

▽時計店経営Lさん

《地元で生まれ育ったが、結核性関節炎という難病に小学一年生の時にかかり、入退院を繰り返し、小学校は計三年間、中学校は五十日間しか行っていない。二十歳過ぎまで病院にいる時間の方が多かった。

そんな病気と手術の影響で、両足の膝中心に大きな手術跡が残り、通常の人間に比べて足が短く、歩くときは足を引きずって歩く。そしてその後の人生として選んだ道は、時計職人の道だった。

小樽市の身障者授産施設で二年間、そして時計店で一年間、時計職人の仕事を覚えて、青苗地区で時計店をスタートさせたのが、一九七一年のことだ。

その店舗が津波で襲われた。「運動靴を履いて、高台に逃げた」。気になったのは、自身が役員に連ねていた老人ホームのことだった。

老人ホームにたどり着いて、入居していたお年寄りを避難させて、自身もその老人ホームに寝泊まりした。「避難所に行かなかったから、行方不明者とカウントされていた」

三年間の仮設住宅住まいを経て、今の場所に店舗を出した。

津波の前から、商売の内容が変わってきた。音楽レコードの取り扱いも始め、今ではCDやDVDの売り上げが一番多い。

まだ八年間のローンが残っている。老後のことは考えないよ。まだやりたいことがいっぱいあるから》

▼原稿書き

メモを取材仲間と共有し、そしてある程度のめどがついたところで原稿を書く作業を始めた。総合的な原稿は別途書くことにして、連載記事に取り組んだ。

私は津波から十年という時間経過を軸に人間模様を書いていった。

一方で、ルポの原稿も書いていった。津波災害後に完成させた防潮堤が国内最大級であることも強調した。以下は原稿前のメモ書きだ。

《一九九三年七月十二日に発生した北海道南西沖地震から間もなく十年になる。津波とそれに伴う火災で、道南の奥尻島では死者百七十二人、行方不明者二十六人を出す大惨事となった。家屋はつぶされ、あるいは火災に遭い、家族は離別し、避難生活を余儀なくされた。疲弊したこの島の人々は、今何を考え、生きているのだろうか。被害の大きかった地区を歩いた。

島を取り囲むようにして続く防潮堤。被災した地区を対象に、津波対策事業として、全町二十一カ所に、総延長一万三千九百八メートルの防潮堤を張り巡らせた。一九九六年度までに完成した。総事業費は三百五十億円。高いもので高さ十一メートルにもなり、内陸部から海を見るには遮る光景が続く。海の見えない道路が、海岸線沿いに続く。

被害が大きかった青苗地区では、水産庁の補助事業「漁業集落環境整備事業」と国土庁の「防災集団移転事業」で、街づくりを整備。津波被害に遭った旧市街地を六メートル盛り土をして区画整理し、分譲した。道路や公園、生活排水路も整備され、新しく建った商店と民家が続く。青苗岬は整備され、二年前には奥尻島津波館がオープンした。街並みは一変した》

《「あと八年。老後のことは考えないようにしている」

青苗地区の繁華街のその一角で、年末に還暦を迎えるというある商店主は、自分に言い聞かせるように話した。

津波で店舗がつぶれてだめになり、仮設住宅などで三年間過ごした後に、今の店舗を再開させた。しかし、町などからの助成金や融資の返済利子補給金などを充てても、あと八年間はローンが残る、という。「この地区で商売をしている多くは、ローンで大変だ。だけど愚痴を言っても始まらない」

ペンションの女性経営者にも、ローンが残っている。奥尻島の観光シーズンは、七、八月に集中している。この時期の予約は早くから埋まっているが、シーズンオフはなかなか人が入らない。四年前には夫に先立たれた。「子供もまだいるし、逆にローンを励みにしている」


一変した青苗の街並み。津波から難を逃れた男性が当時の被災現場をこう振り返った。「その時、火事を目の前にして、知り合いに相談されたんだ。火事を防いでくれ、と。当時は建設会社に勤めていたからショベルカーを持っていた。だから、手前の家を一軒か二軒壊せば、延焼は防げた。しかしやらなかった」

やろうと思えば延焼を防げたと思うが、警察や消防に相談しても、だめと言われたようだ、と振り返る。津波に伴う火災を、高台から、燃えるのをただ待つだけだった。

そしてこう付け加えた。「だけど今は思う。あの時、燃えるのをくい止めたら、逆にその古い家だけが残って、今のようなきれいな街並みにはなっていなかっただろう」

複雑な思いを口にした。

一変した青苗地区とは対照的に、一方で捨てられた集落もある。島の西側、藻内地区。

ここには九軒の民家があったが、津波でうち八軒がつぶされ、十五人のうち八人が犠牲になった。生き残ったお年寄りに対して、町は集落から出ていくよう行政指導した。「ここには防潮堤は造りません」。残された者に選択の道はなかった》

奥尻町は一九九八年三月の定例議会で、完全復興の宣言を出した。

奥尻島観光協会によると、島に来る観光客は、津波災害を契機に落ち込んだが、徐々に回復し、昨年（二〇〇二年）は約五万五千人と、ピークの一九九二年の約六万人に近づいた。

メモを整理して出した原稿は、キャップやデスクが仲間の取材結果も挿入し手直しをして、出稿した。

そしてちょうど十周年となった当日の十二日午後一時から、町立青苗中学校体育館で追悼式が行われた。

式では町長が式辞を述べた。

「地震から十年目の夏を迎え、今なお忘れ得ぬ、いとしい肉親の姿をしのぶ日となった。あまりに尊い命の犠牲と、多くの財産を失ったが、全国からの救助の温かさを感じ、人間愛の尊さを知った災害でもあった」

「あの悲惨な苦しみや悲しみに耐えて、再起・再生を誓い合い、未来の奥尻島に向けてゆるぎない姿を築いた島民の勇気を誇りに思う」

そして亡くなった人、行方不明のままになった人全員の名前が読み上げられた。

私の奥尻津波災害取材は一応、これで終わった。

その後も、時折奥尻島のことは気にしながらも、北海道報道部勤務は終わり、別の支局に転勤になった。

その後の奥尻については、前述の『津波災害　増補版』でこんな現状を指摘している。

《二十年近く経過した現在、奥尻島の被災地は人口減少が続くまちになってしまった。区画整理された美しいまちが出現したが、肝心の住民が少なくなっている。観光資源の豊かな土地であり、飛行場もある有利さを生かしたまちづくりをすべきであったが、逆に居住禁止区域を設定するなど、この災害を将来に生かすことができなかった》

（了）

L

非接触事故

▼交通事故

朝日新聞北海道報道部（現北海道報道センター）に勤務していた時、一見変わった交通事故の取材をした。一般道を走っていた女性の乗用車が、脇道から出てきた車を避けようとして、ハンドル操作を誤り電柱に激突し、重傷になったとして、検察側が脇道から出てきた車の男性運転手を起訴したという事故だった。いわゆる「非接触事故」だ。しかし、取材を続けると、疑問が多く出てきて、捜査した警察署も、起訴した検察側も、加害者を誤って送検し起訴したのではないか、という疑念が出てきた。

私は当時、遊軍担当記者で、警察担当でも検察担当でもなかった。だから当局に忖度する必要もなかった。専門家の話も聞いて、この取材を一人で続けた。当然、検察担当記者には仁義を切って、「非接触事故について取材を進めている」と通告した。空いた時間を見つけては取材を続けて数カ月かけて原稿を書き、その原稿が紙面化されるまでさらに一カ月がかかった。原稿を扱うデスク陣が当局に忖度したように思えた。当局を批判する記事を紙面化する判断と勇気がなかったようだったと、今でも思っている。

事故は、二〇〇〇年六月三日午前六時ごろ、札幌市南区の国道230号で起きた。女性会社員が運転していた乗用車が電柱に激突し炎上。右足骨折と全身の半分以上を負うやけどになる重傷になった。

現場の国道は制限速度六十キロの片道二車線の道路で、女性は左側車線を時速九十キロの高速で定山渓方面に走っていた。高速道並みのこの高速運転が後に弁護側から問題点と指摘される。

札幌南署は目撃証言などから、事故現場の六十メートル手前の交差点付近で、国道に出ようとしたジープ型車があることを重視し、このジープ型車の男性運転手を特定。現場検証などから、このジープ型車との衝突を避けようとして、女性が右側に車線変更し、そのハンドル操作を誤って、電柱に激突したと結論づけた。

つまり非接触による交通事故。激突事故の誘発原因を男性運転手が作った、と断定したのだ。ただし逮捕もなく、任意の捜査が続いた。

裁判所に提出された実況見分調書などによると、事故発生二日後に男性は同署から呼び出され、六日後の九日には本人立ち会いの元で現場検証が行われた。調書には「業務上過失傷害被疑事件」と記されており、同署は事故発生直後から、男性運転手を交通事故の加害者と見なしていたようだ。

さらには、今度は男性運転手とけがをした女性会社員の双方が立ち会っての現場検証が行われた。ここでも男性運転手は被疑者として扱われたが、男性は現場を通ったことは認めたが、女性の乗用車を見ておらず、事故すらも知らなかった。加害者の認識はなかった。

▼道交法違反の文字消える

事故から二年後の二〇〇二年三月。突然のように男性運転手宅に起訴状が届いた。在宅起訴だった。しかも当初はあった「道路交通法違反被疑事件」の文字はなくなり、問われた罪名は業務上過失傷害だけになっていた。起訴状では、「右方道路から進行してくる車両の有無及びその安全確認不十分のまま漫然時速五キロメートルで同交差点内に進入した過失」とされた。

非接触による交通事故を立件しようとした検察側は、「被害者」となった女性会社員を公判で証言させた。

意見陳述書には、

「今まで何度も手術をしてきましたが、私の体はボロボロにケロイドになっており、かゆみや痛みやつっぱり感は体について回ります」

「この辛さは味わった人間にしかわからないと思います」

などと述べて、男性運転手を、

「許せない」

「厳重に処罰してほしいと思います」

と強調した。


だが、計十四回の公判で男性運転手を加害者として特定するために実際に出されたのは、目撃証言だけだった。物的証拠は全くなかった。

女性会社員の車の後ろを運転していた目撃者夫婦がいて、男性の車両ナンバーをティッシュペーパーにメモしたとされるが、そのメモは公判に提出されることはなかった。

現場検証での目撃者としての供述と、法廷での証言の食い違いも浮き彫りになった。


こんな法廷でのやりとりを知った私は、冤罪の疑いを抱いて、取材を始めたのである。二〇〇三年のことだ。起訴から一年が過ぎていた。

公判に出された証言や供述書などの資料を丹念に読み、被告弁護側が実際の現場で行った検証作業にも加わり、さらには交通事故専門の弁護士の話も聞いて、私は冤罪の疑いを強く持つようになった。

▼質問状

私は前記のように、地検担当者ではなかったため、地検幹部に普段は接触することはできない。

そのため担当者に事前に説明をしてから、地検幹部宛てに、以下の質問状を送った。

《■質問書

朝日新聞北海道報道部　原裕司

別紙の起訴状に記された交通裁判についての質問です。

1、民事訴訟では「非接触事故」という概念で、損害賠償請求訴訟が起こされるケースが増えていますが、今回のように刑事裁判として起訴されたケースは、珍しいように思いますが、どうでしょう。「異例の起訴」という受け止め方をしていいのでしょうか。

2、その異例だとすれば、どういう問題意識を持って起訴したのでしょうか。最近の交通事故被害者問題や、加害者に対する量刑の引き上げなど、最近の被害者感情を勘案しての起訴だったのでしょうか。

3、逆の見方をすると、時速90キロも出していなかったら、悲惨な交通事故にはならなかった、と被告弁護人は言っていますが、そうした考えは捜査にはなかったのでしょうか。

4、また、被告人本人も、事件の関与を否定しています。目撃証言者も法廷では証言内容が後退しているように受け止められています。「えん罪」という主張に対して、どう考えているのでしょうか。

もっとも、裁判そのものは既に結審しており、法廷で言い尽くした、というのであれば、特に4の質問に答える必要はありません。

以上です》

質問の趣旨は、今回の非接触事故をどういう判断で起訴したか、ということだった。時速九十キロという高速道並みの運転をしていて、その自己責任が問われず、逆に加害者を仕立て上げて、交通事故被害者救済のキャンペーンをしているように思えたためだ。

地検側にファックスでこの質問状を送り、その回答を待ったが、一週間たっても二週間たっても、回答はなかった。無視された形だ。

それだったらと、直接、地検幹部に電話取材を試みた。しかし、取材も拒否された。「起訴状以外の説明はしない」という検察庁の方針と受け止めるしかなかった。

国家権力である検察庁がその権力を行使する。その権力の行使をチェックするのが新聞記者の役割だとするなら、その権力行使に疑問を持った私の取材は当然の行動だ。取材できないなら、法廷で検察側が出して来たあらゆる証拠を吟味検討して、疑問を疑問として記事にするしかない。

私は当時、遊軍担当として、「北海道西南沖地震から十年」という連載企画の取材を仲間とともに続けていた。北海道西南の離島である奥尻島を津波が襲い、死者だけでも二百人以上を出した巨大災害だった。その発生から十年になるのを機に、被害者、関係者、行政の動きを記事にまとめることにしていた。札幌から奥尻に向かうには当時、特急列車に乗り函館から小型機に乗るか、丘珠空港から函館空港に飛行機で飛び、さらには奥尻空港に小型機で海を渡るか、陸路、日本海側の江差町からフェリーで奥尻に向かうしかなかった。時間がかかった。何回も奥尻島に往復し、取材をしていた。

さらに言うと、私はサッカーも担当していた。その前年にはサッカー日韓ワールドカップ（W杯）の開催があり、札幌ドームの試合ではベッカム選手が出たイングランドとアルゼンチンの試合で盛り上がり、その余波でサッカー人気が道内でも高まっていた。サッカーJリーグのチーム、コンサドーレ札幌の取材、さらには高校生サッカーチームとユースチームを対決させたプリンスリーグの取材もあり、今回の非接触事故の取材は、そうした取材の合間に断続的に行った。

一般紙の記者は押し並べて、スポーツ取材を嫌うが、サラリーマン記者である以上、スポーツも紙面としては大切なコンテンツだと言い聞かせて、取材をしていた。

▼目撃情報

この非接触事故の裁判は目撃情報だけで成り立っているのは明白だった。

目撃証言をした夫婦は、ティッシュペーパーに車両ナンバーをメモしたとされるが、そのメモすら公判に提出されず、さらには、脇道から出てきた車両は他にも多数あったとして、被告弁護側は反論してきた。

同じナンバーは三十数台もある、と公判で捜査員が驚くべき証言をしており、検察側は捜査対象者を絞りきっていないまま、起訴した可能性が高くなった。

弁護人は振り返る。

「本来なら単独事故として処理されるようなケース。それを最近の交通事故被害者キャンペーンに乗って、被害者感情を利用して無理に捜査し、起訴した。時速九十キロも出していなかったら、事故にもならなかったのに」

実際の法廷では、検察側は証言する目撃者に衝立を立てて、傍聴席や被告席から見えなくさせるなど異様な場面もあった。

被告・弁護側は全面的に冤罪を訴えてきた。

目撃者とされた夫婦の証言内容は後退し、男性運転手のジープ型車が、事故の誘因となったジープ型車だったのかあいまいなまま、検察側は禁固一年八カ月を求刑し、結審した。

後に分かったのは、同じ番号の車のうち、明らかに大きさが違うものをのぞいただけでも、最終的に七十台もあったということだった。しかも札幌在住者に限った。要するに目撃証言は極めてあいまいなままなのだ。

検察官の一部はよく、「正義の実現」とうたうが、これが「正義」なのかどうか。

もちろん、被害者を貶めるつもりはない。しかし、こんなずさんな捜査で起訴されること自体おかしい。

私はそう思って、判決を前に原稿を書いた。いわゆる「前打ち記事」だ。検察側の主張と被告弁護側の主張を整理して、疑問点を列記した。新聞記事としては百五十行もある大作だ。検察側の主張と被告弁護側の言い分を客観的に書いて、かつ疑問点を挙げた。

原稿を書き上げて、社内ネットで原稿をアップした。

すぐに使ってもらえると思ったが、当時五人いたデスク陣は躊躇したのか、なかなか使ってくれない。前記のようにサッカーの記事、奥尻の記事は次々に使ってくれたが、この裁判原稿は一カ月経過しても、ストックされたままだった。

このため知り合いのデスクに声をかけて、やっと掲載されたのは、七月二日付の北海道版だった。判決の前日だった。

「自損事故か相手過失か」

「検察側　脇道からの車原因」

「被告弁護側　目撃証言あいまい」

こんな見出しの記事が掲載された。紙面には状況を示す地図も添えられた。

私は紙面化される記事の点検のため、前夜は会社に戻って、紙面点検をした。その際、司法担当記者がデスクにいちゃもんを付けているのが分かり、腹が立った。地検の人間が担当記者に文句を言ったらしい。地検担当ではない私の取材には答えないで、「仲間」である担当者には文句を言う。それをそのままデスクに伝える。地検に対しても、担当者に対しても腹が立った。

後に弁護士に聞くと、地検側のリークがあったらしい。被告は最初容疑を認めていたという。しかし実際は過失があると言われて、ああそうですか、と答えたに過ぎない。

その後、地検からは私に対して何の抗議もなかった。警察や検察という組織は、批判されると細かい部分について、「間違っている」と抗議してくることがある。しかし今回はしばらく待っても抗議は来なかった。つまり記事の正しさが証明されたことになる。

判決の予定稿も書いた。有罪と無罪の二種類の予定稿を書いた。

焦点は目撃証言が信用できるかどうかだけだった。

▼判　決

前打ち記事を載せた翌日の三日午前、札幌地裁で判決があった。判決は目撃証言の信用性を認めて、被告に禁錮一年二カ月、執行猶予三年の判決を言い渡した。有罪だった。

被告弁護側は即日控訴する方針を示したが、最終的に控訴は断念した。長い裁判で疲れてしまい、執行猶予が付いたことで、身柄を拘束されることがないための判断だった。

被告側のあっさりとした態度に、私は拍子抜けしたが、これが日本の裁判の現実だと感じた。検察側の主張を丸呑みする裁判官。何の疑問も持たない判決。いつでも繰り返される冤罪の原点を見た思いがした。

時速九十キロも出していなければ、事故も起きなかったはずなのに。

曖昧な目撃情報を頼りに、車両ナンバーのすべてを捜査しないでの送検と起訴。疑問は膨らむばかりだった。

しかし現実は有罪だった。疑念は残った。

私は判決記事のほか、こんな雑観原稿を道内面に出した。これは生原稿で、デスクによって原稿が一部直されているので、それは勘弁願いたい。

《何の接触もない交通事故の過失犯として業務上過失傷害の罪に問われた会社員に対し、禁錮一年二カ月、執行猶予三年（求刑禁錮一年八カ月）を言い渡した三日の札幌地裁判決は、検察側も言及しなかった被告人車両の交差点での位置を独自の計算で数値で割り出して、一メートルだとして有罪に導いた。「科学的に見えて、非科学的だ」として被告・弁護側は批判した。

公判で検察側が出した論告は、被害者車両が危険だと感じて右ハンドルに切ろうとした時の被告人車両は、交差点のどの位置に実際はあったかはあいまいにされていた。

これに対して判決では被害者の車両を時速九十キロ、被告人の車両を時速五キロとそれぞれ認定。両車両の当時の速度を、秒速で計算し直して、それぞれがどの位置にいて移動したかを、数値を出して推定した。

判決は「関係各証拠によれば」として、総合判断したとして、被害者が前方に被告人の車両を発見した時、被告人車両は時速五キロで交差点内に既に一・四七メートル進入していて、被害者車両が走っていた左車線の延長上にあった。そして右車線に車線変更した被害者車両は、「犯人車両の前方一メートル通過し、眼前に迫る中央分離帯との衝突を避けるためにハンドルを左に切り」、電柱にぶつかった、と分析した。

これについて、被告弁護側は「右車線の被害者車両が目の前のあと一メートルの近距離ですれ違ったという判断はどう考えてもおかしい」と疑問を投げかける。被告・弁護側も車両位置などを現場検証して図面などを作成。この証拠を元に判決前に審理再開の申し立てを行ったが、却下されていた。

交通裁判に詳しい高山俊吉弁護士（東京弁護士会）は「最近の裁判では、高速運転は過失というようなレベル以上の責任が問われる傾向にある。交差点に進入した車両が仮に被告人のものであっても、もっと詳しく現場検証をしてもっと科学的に解析した方がいい」と説明した》

私の手元には、後に担当弁護士から受けたレクチャーのメモが残っている。

Q　被告が当初、過失を認める供述を警察官にしていた、というが。

A　被害者車両に気づいていないことの過失があると、警察官に詰問されて、「だったらある」と述べたに過ぎない。本人に過失の立件ということが全く理解できていないから、この程度の供述内容で、「過失を認めた」とはならない。

Q　司法担当記者が、こういうような説明を地検から受けていた。

A　あの人は私に何の取材もしていない。

要するに当時の地検担当者は双方の話を聞く、という取材のルールを守らないで、地検側の文句だけを聞いて、デスクに文句を垂れ流した、ということだ。同じ社内の人間だが、記者としては最低だと思った。

業務上過失傷害罪という法律は、予見可能性と危険回避義務の二つを有する立場でないと立件できない難しい法律だ。それが交通事故に限っては簡単に付く。これはあくまでも、道交法違反、という法律で立件するからこそ可能になっている。

今回の場合、被告に法律の趣旨が分からず、無理に過失を認めさせたようだ。

これが問題なのだ。

今回の交通裁判の取材の教訓とは何か。

おそらくこんな裁判は全国各地で起きているのかもしれない。現場で疑問に思ったら、丹念に取材をして、真実を引き出すこと。現場にこそ真実がある。地方にこそ現場がある。中央に現場はない。
現場を追うこと。この教訓を忘れてはならない。

（了）

M　伊香保温泉とヤクザ

▼怒鳴り声

「あとで行くからな」

電話の向こうで、男の怒鳴る声が響いた。あとで行く、とは、お礼参りに行くということだ。私が書いた記事について、文句を言ってきたのだ。記事にはデスクの手違いで、なぜか私の署名が入ってしまい、私を名指しして、怒鳴ってきた。

いわゆる「お礼参り」に行くぞ、と私は脅された。手段を選ばない暴力団が、私を名指しして脅してきた。

当時、私は朝日新聞渋川支局に勤務していた。

記事は私の取材対象の一つである群馬県・伊香保温泉で、一人のヤクザの男が地元の人間を脅して居座って温泉旅館に無料で泊まり続けている、というトンデモナイ事実を暴露するものだった。

暴力で一般市民を脅し、そして金を巻き上げる。暴力団のやり方そのものだった。

居座っているという情報を知ったのは、地元の知り合いからだった。

観光客を装った一人のヤクザが地元観光協会職員に、「財布をなくした、どうしてくれるんだ」と脅し、何泊も無料で温泉旅館に泊まっているという。関係者は困っていると話していた。


伊香保温泉は群馬県の有数な温泉街で、石段が有名な、情緒豊かな風情がある。約五十軒の温泉旅館があり、東京からも近く、人気スポットの一つだ。

その伊香保温泉でヤクザがはびこっているとしたら、問題だと感じた。小さな暴力が許されれば、暴力は次第に拡大していく。

観光関係者や旅館関係者から話を聞いて、取材を進めた。

関係者の口は重かった。ヤクザに対する恐怖感があるのだろう。しかし少しずつ、事実が分かってきた。

このヤクザは茨城県在住の暴力団員だった。朝日新聞のデータベースでは前科前歴があった。

伊香保温泉に一人で遊びに来た。

日帰り温泉施設で、事件のきっかけを起こした。

わざと施設の中に携帯電話を落として、施設を管理する観光協会に電話を入れた。

「忘れ物があるが、届いているか」と。

電話対応した職員はこう答えた。

「あります」

ヤクザは観光協会に「忘れ物」を取りに行った。

職員が携帯電話を差し出すと、こう開き直った。

「俺が忘れたのは百万円が入った財布だ。携帯電話だけではない。あると言ったではないか」

暴力団特有の脅しである。

男が言うには、蛇革の財布に百万円が入っていたという。それを温泉施設に忘れてしまったというのだ。

そのままこのヤクザは、財布が戻るまで、ここにいると言い放った。

しかし、そんな財布はないのだ。

恐怖を感じた職員は周囲に相談して、ある温泉旅館を紹介し、ヤクザはそのまましばらく居座ることになった。

百万円が入っていたという財布は最後まで見当たらなかった。

元々ないものを、あったと言い続けたあげくの犯行だった。

私は関係者から話を聞いて、「温泉に居座る男」と題して新聞記事に書いた。朝日新聞群馬版のカタに掲載された。カタとは、アタマと称するトップ記事に次ぐ扱いのことで、二番目の大きさのニュースだ。独自ニュースだった。

そしてこの記事を読んだヤクザ本人が激怒し、私の支局に電話をかけてきたのだ。

▼やりとり

このヤクザは直接、私が勤務する渋川支局に電話してきた。携帯電話に転送されたが、無視して留守電のメッセージを待ったが、そのまま切れた。

前橋総局に電話すると前橋総局にも電話があり、原に連絡を取りたいと言ったらしい。記事へのクレームなら、前橋総局でも東京でもいいのに、個人を名指しするのは、要するに脅しなのだろう。

前橋総局長と話して、夕方、前橋総局から本人に電話することにした。伊香保温泉観光協会の会長にも電話で話した。要するに関係者はヤクザ本人に絶対に会ってはならないことを確認した。

前橋総局に上がり夕方に本人に電話するため、電話の会話を録音する準備と練習をしていた。そして五時に電話。しかし繋がらず、六時に本人が出た。

——●●さんですか。

「そうですよ」

——朝日新聞の原と言います。

「ほう、原さんかね」

——電話が遅くなってすみません。

「いえいえ、あれさあ、原さんの方も理解できていると思うんだけどね、どういうあれで自分が電話しているということは、理解していると思うんだけどね」

——何を要望しているのでしょうか。

「要望？　要望とかそういう話ではなくて、俺は前回新聞の話をしたでしょ」

——どこが違うと言うのでしょうか。

「電話で口頭で言っても、裁判中なんですよ。そんなでたらめ、わかりやすく言えば、新聞に載せられて非常に困るんだよ」

——新聞では群馬県で発行して、特定していないのに。人物を特定していないのに、こういう電話をかけてくること自体、特定された関係者と理解して構わないのでしょうか。

「そんなことは一番分かっているんでしょ。あなたが一番。あなた記者で、そのぐらい分かるんでしょ。俺がいちいち一から十まで話さなくても、分かるんでしょ。理解できるでしょ、そのぐらい」

――具体的にどこが、でたらめかを言ってくれます？

「ちょっと、あとで時間を作ってほしいんだよね」

――時間を作るとは？　どういうことでしょう。

「会ってお話ししたいのよね、結局ね」

――具体的な話を、この電話で話せないなら、会っても結局けんか別れになるんじゃないですか。相手の言い分は聞きますので。会いたいなら代理人を立てて、うちも東京本社の代理人を立てますから、きちんと話し合いをした方がいいと思いますが。

「話が飛んで、それじゃあ、分からねーよ。なんで、代理人、代理人ってよー。俺は新聞で。そんなにしらばっくれてるなら言うが、そんなこと分かっているんだろうよ。何がそれが代理人だよ。あんたの名前が入っているから、おかしいんじゃないかと。だから電話しているんだよ」

――だからどこが間違えなんですか。

「みんな間違っている」

――みんな間違えなんですか。

「みんな間違っている。間違えだらけだよ。そうでなければ、俺がそんな電話しないよ、あなたに。えっ」

――具体的にどこが間違っているのでしょうか。

「それで修正でもしてくれるのかい。電話で、こうやって、あんた、代理人って滑って、東京本社なんて訳分からない英語しゃべって。俺が電話でしゃべって、またおかしなこと書かれると困るぞ」

――具体的に何がでたらめといっているのですか。

「金額も内容も全部でたらめだ。何が居座ったっていっているんだよ。原さんよー」

――要するに金額も内容も違うということですね。

「ほんよー。だから電話しているだよ。居座ったとか、誰がいっているんだよ。えー。何もないのに俺がわざわざ行くかよ。原さんよ。いろんな流れがあって、俺が観光協会に電話したとか、最初からはなっから違うんだよ。原さん」

――じゃ、電話をしていないのですか。

「電話をそれからしたよ。全然、コメントと違うだろ。困るよな、俺も裁判中で。群馬市民に、あんなでたらめがいのことを関係者に聴いて、そんだけの話を鵜呑みにして、あんな書いて分からんけど。こまるぞ、これじゃ。いくら何でも、こっちのことを理解するのならいいけど。原さんもずいぶん飛ばすね。代理人がどうのこうのとか。初めてじゃないの。こうやって二、三分話すの」

――だから言い分は聞くって言っているんですよ。

「聞いてもらわんと困るね」

――裁判になっているわけですから、代理人をそちらも立てているのですよね。だから代理人同士の話し合いを。

「関係ないだろ。内容が。新聞のことを俺は言ってるんだよ。それは別だろうよ」

——別ではないと思いますが。

「勘違いだ、それは。そうだろう」

——勘違いではないですよ。少なくとも朝日新聞社名で出ているわけですから。

「じゃ、聴いてみるからな。伊香保観光協会の誰から聴いたのか。そんな代理人って滑って聴けないだろ、こらっ。おかしいことばかりだよ。漫画だよ」

——そうですか。

「そうじゃなかったら電話しないよ。原さんよ。うーん。それでさ来月群馬に行くんだけど、ちょっとお茶でも俺と飲まないか」

——ちょっと約束はできません。

「約束できないって、困るんだよ。俺の話もちょっと聞いてくれなくちゃ」

——だからここで電話しているんですよね。

「俺も何回もかけてようやくつながったんよ。ほれで俺は運転中なんよ。こっちからかけても留守電だし。ちょっと俺が行っていいかな、三十分ぐらいしたら。それで駄目かな」

——駄目です。

「面白い人だな。あとで会いに行くから」

——困りますが。

「困る？　こっちが困っているだろうが、あーん」

——じゃ、代理人同士でしゃべってくれますか。

「代理人同士って言うのは、バックの件でだな、向こうが窓口に弁護士を立てて、なっ、やむを得ないから自分の先生のところに書類を持って行っただけだ。つまり新聞のこととは別だぞ、原さん。内容が違っているんだから」

——新聞の話と裁判の話は重なっていますから、弁護士を立てているわけですから。

「おまえも馬鹿だな、あとでいくわ」


相手の言い分をキチンと聞き直したが、要領を得なかった。これ以上の会話は無理だと判断し、電話を切った。

後は実際にお礼参りがあるのかどうかだった。

男からの電話に、私はこう返答したかっただけだ。

「事実を書いただけです。間違いがありますか」

忘れ物があると申告し、携帯電話ではなく、財布であったと職員を脅して、そのまま温泉旅館に居座り続けている事実。完全な開き直りだった。

電話を切った後、やや恐怖を感じながら、前橋総局長と今後の行動を相談した。

渋川支局は記者が私一人だけが在住している。上司も部下もいないし、アシスタントもいない。防犯体制も不備だった。建物は通常の一軒家で、その気になったら、重機で潰すことなど簡単な安普請の建物だ。

新聞記者に危険はつきものだとは言え、暴力から身を守ることも必要だ。電話を切った後、渋川に戻るのも危険だと判断されて、前橋に泊まることにした。

総局長と相談して決めたのは、録音したこの電話の会話を警察に届けて警察を動かす、ということだった。

その作戦を練った。

身の回りの安全を確保することも考える必要があった。

▼疑　問

疑問が残ったのは、茨城県に住むこの男が、なぜ朝日新聞群馬版に掲載された私の記事を知ったのだろうか、ということだった。

全国紙にはその県だけに配達される通常二ページの地方版があり、群馬県の読者には全国版の記事のほか、群馬県版と呼ばれる地方版の記事を提供している。

当時はまだ朝日新聞は紙面や記事が朝日新聞デジタルにアップされる体制が整っておらず、違う県の記事を簡単に読むことはできない。全国ニュースなら別だが、茨城県在住のこのヤクザ男が毎日、朝日新聞群馬版をチェックしたとは思えない。

第一、暴力団が新聞を丁寧に読んでいるとは思えなかった。

後に知ったことだが、ライバル社が私の記事を読んで、そのままこのヤクザの事務所にコメントを求めたらしい。そしてご丁寧にも記事をファックスで送ったことも後に知った。

今回の私の記事で、この男の言い訳は取材していない。

一般的に批判記事を書く場合、相手のカウンターコメントを取ることは大切なことだ。しかし、ヤクザが居座っている事実を本人に確認しても、否定されるだけで、それ以上に取材と執筆に妨害が入る可能性も高かった。

相手はヤクザだ。法を守るという発想などない。

カウンターコメントを求めて、それが理由で記事の紙面化に妨害が入る可能性が高いなら、敢えてそれを避けるのも取材手法の一つだ。状況と事実は動かないのだから、敢えてそういう形だけのカウンターコメントを求めるのは避けた。

コメントを求めたライバル社に対して、男は当然事実を否定した。否定されたため、ライバル社は記事を書かなかった。怖くて記事を出すのをためらったのだろう。形だけカウンターコメントを取っただけのお粗末な取材だった。

疑問はもう一つあった。この男はなぜ伊香保温泉でこうした子供じみた強迫を行ったのだろうか。

暴力団ならみかじめ料を取るなどして、カネを巻き上げるが、それは地元でのこと。茨城県の暴力団員が、群馬県・伊香保温泉でカネを巻き上げようとする理由は見当たらない。

組長ら幹部に献上するカネが足りなかったためなのだろうか。疑問は残った。

▼裁判

地元観光協会は、この男に対して、百万円が入った財布など実際はなかったと確認する民事訴訟を、前橋地裁に起こしていた。ようやく男の開き直りに対して戦う姿勢を見せ始めたのだ。地元関係者との戦いが始まった。

その第一回口頭弁論に、私の同僚である前橋総局の記者やデスクが傍聴に行ってきた。私は自分の顔が相手に知られるのを避けるため、傍聴に行くのは避けた。

被告席に座った男を見て、傍聴席にいたデスクや同僚記者は驚いたそうだ。

身長が一八〇センチ以上あり、ひげを生やしてサングラスをかけていた。まさにヤクザそのものの雰囲気に驚愕したそうだ。

その一回目の口頭弁論が終わってから、デスクが私に電話をかけてきた。

「原さん、逃げて。ヤバイですよ」

「お礼参り」が事実になり、私に危害が加わると心配した電話だった。

私は総局長と相談して、今後の対応を決めた。

口頭弁論が行われる日だけ、私は渋川支局を留守にすることにした。危害を避けるためだった。

通常、こうした裁判に暴力団本人が出廷することなどあまりないはずだった。しかも茨城県からは前橋まで遠い。事実認定だけの争いだから、被告席に座っても、時間の無駄だと思っていたが、この男はマメに毎回出廷してきた。

渋川支局を留守にするにしても、通常の仕事はするしかない。私は裁判のある日は、朝から渋川支局を出て、マイカーの中で取材準備をして、そして夜は前橋市周辺のホテルで泊まり歩くことになった。

笑い話ではないが、まさに「華麗なる逃亡」だった。

その裁判が進む一方で、男との会話を録音したテープを受け取った渋川署の動きは鈍かった。

具体的な強迫事実がないとして、署長ら幹部に立件する意欲を感じることは出来なかった。

こうして一カ月に一回の口頭弁論が進み、一年が経過しようとしていた。私の「逃亡劇」は続いていた。裁判が開かれる度に、私は支局を出て、ホテルに泊まり歩いた。経費は会社が持ってくれた。もちろんビジネスホテルの一般の部屋を使っただけで、高級ホテルなどは一切利用していない。

▼裁判に勝訴

裁判は一年続き、最終的に伊香保温泉観光協会は勝訴し、ヤクザの男は敗訴した。私の「華麗なる逃亡」は終わりを告げた。

これで「お礼参り」などはないだろうと判断した。

しかし、私たちが期待した警察の捜査は全く動かなかった。

理由は分からない。

警察には新聞社に協力しようとする考えはなかったのかもしれない。これが現実だった。

こうした強迫事件があったのに、地元警察署は動かなかった。民事不介入というルールはあるが、警察庁が全国的に進めてきた暴力団壊滅作戦とその頂上作戦を顧みると、渋川署の動きには疑問が残る。

男は伊香保温泉に居座るのは断念した。暴力に屈しない地元の人たちの勝利だった。

そして記事を書いた私に、お礼の連絡が入った。

ようやく私の記事が、真実であることが分かってもらえた。そう感じた。

ただ、この事件に関して、関係者の口は堅かった。有名な温泉地で、清濁併せ呑むという土地柄かもしれなかった。

今回の記事は、警察署の発表ものでもなく、市役所、観光協会の発表ものでもない。普段から付き合ってきた地元の人間の情報を元に、取材して、書いたものである。

地方の現場の空気を読み取って、何がおかしいか、自分の感覚を大切にしてたどり着いた記事だった。地方の現場でしか経験できない取材と記事、そして反応だった。

冒頭で、「デスクの手違いで署名記事になった」と書いたが、当時、朝日新聞は毎日新聞に倣ってニュース記事には署名を付けるというルールが出来上がっていた。私自身が書いた原稿に署名を付けるのではなく、原稿を見たデスクが付けていた。このルールが何の想像もないまま使われてしまった。それが危険を招いた。

ともあれ、たった一本の記事が、一年以上も水面下の戦いとなった。民事訴訟は観光協会側の勝訴で終わり、私の記事が正しかったことも証明されたことになる。

今でも当時の総局長と会って雑談をすると、決まってこのヤクザの話になる。


（了）

N

渋川市の老人ホーム火災

▼深夜の火災

群馬県渋川市北橋町八崎の老人ホーム「静養ホームたまゆら」で火災があったのは、二〇〇九年三月十九日午後十時五十五分のことだ。木造平屋建て二棟計約三百七十平方メートルが全焼、別の一棟が半焼し、入所者十人が死亡した。

問題は死亡した十人のうち六人は、東京都内の施設が飽和状態のため、墨田区の紹介でたまゆらに入所した生活保護受給者だったことだ。

当時群馬県・渋川支局に勤務していた私は、前橋総局の記者に電話でたたき起こされ、現場に向かった。本社と前橋総局が協力して朝刊最終版一面トップの記事に仕立てた。

関越道渋川伊香保インターから北東に約三キロの地点で、現場に到着した時は既に火災は鎮火し、家屋は全焼し火災特有の焦げたにおいが残っていた。暗闇の中で地元消防本部の火災消火活動が続く中、県警による現場検証も始まろうとしていた。私は真っ暗な中、騒ぎで駆けつけた付近住民の話を聞いて回った。朝になると、前橋総局員が応援に駆けつけ、さらには東京本社からの応援部隊も次々と来た。

まずは被害者を特定する取材が始まった。それと同時に火災原因は何なのか、を割り出す作業も始まった。失火なのか、放火なのか、それとも事故による火災なのかどうか。県警はどこに焦点を当てているかも取材対象の一つだった。

渋川広域消防本部によると、建物内にいた二十二人のうち、まずは六人の死亡が確認され、重傷三人を含む四人がけがをし、救急車で前橋市などの三つの病院に搬送された。

被害者の特定はなかなか進まなかった。県警も消防本部も確認中という理由で発表を避けていた。

さらに言うと、その段階では分からなかったが、施設入居者が通常の老人ホームではなく、東京都内での生活保護受給者だった点が大きな壁となっていた。

「老人ホーム全国ネット」のホームページによると、たまゆらは特定非営利活動法人（NPO）の彩経会が二〇〇四年七月に開設した。建物は木造二階建てで三十七室あり、五十五歳以上で自立、要支援、要介護の人を受け入れている。施設側は施設を「救護静養ホーム」、事業内容を「生活保護受給者入所ホーム」とうたう。いずれも法令に基づかない「自称」だった。

私の同僚の取材では、県は遅くとも二〇〇六年七月には、「高齢者を含む生活保護受給者が入居しているようだ」という情報を得ていた。翌年、運営内容を確認する文書を送ったが、返答があったのは火災が発生した数週間前だった。その約二年半の間に県が文書で催促したのは二回だけで、その回答にも矛盾があったという。

当時の朝日新聞はこんな記事を出している。

《施設関係者は明かす。「実態は有料老人ホーム。ただ、正式に届けると施設基準などを満たすための投資が必要で利用料に跳ねる。あえて届けていなかった、と聞いた」

関連施設を含めた入所者二十数人のうち十五人は、東京都墨田区から紹介されていた生活保護受給者だった。このうち三人の安否が火災の後、分からなくなっている。

墨田区によると、都市部の施設は、自力では生活できない生活保護受給者で飽和状態。親族の支援が得られない人が福祉事務所に駆け込んできた場合、区は他県の施設を紹介するしかないという。

（中略）

実際の生活はどうだったのか。墨田区の紹介でやって来た六十代の男性の場合、月八万四千円で入浴でき、食事も三食出るが、「食べさせて寝かせているだけ。区役所はこ

ここにぶっこんじゃえばいいと思っているようだ」という》

（三月二十一日付『朝日新聞』）

▼名簿入手と予定稿

入所者を特定するため、私は地元警察署、地元消防本部、地元関係機関などを回った。なかなか手がかりはなく数日が経過した。

そして偶然にも、この施設から提供された入居者名簿が、ある関係施設にあることが分かり、入手した。県警も消防本部もまだ被害者の名前などを発表していない段階だった。

私は独自情報として、この名簿をファックスで前橋総局に送った。前橋総局の担当キャップは、送られてきたファックスの用紙を手に、取材源を隠すため、新たにパソコンで手打ちして、名簿を作った。その名簿を現地の取材記者と東京本社に送り、犠牲者の名前を割っていく作業を始めた。

他社がまだ犠牲者の名前を割っていない段階なので、この名簿入手は特ダネではあった。直接の記事ではないが、こういう作業も現場記者には必要なのだ。現場にこそニュースがあるのだ。

そしてかなり早い段階で、予定稿を書いた。県警の今後の捜査の見立てを書いた。

《渋川市の高齢者向け住宅「静養ホームたまゆら」の火災で、県警は施設の管理責任を視野に入れて追及する捜査方針を固めた模様だ。複数の捜査関係者への取材で分かった。火災の犠牲者が多く、過失責任は免れないとの判断をした。ただ、過去の大規模火災を見ても、捜査が長引くケースが多く、県警の捜査対象が、施設や施設を運営する特定非営利活動法人「彩経会」のどこまで迫れるかが立件のポイントになりそうだ。

犠牲者が出た火災で、捜査当局が適用する法律は、業務上過失致死傷罪だ。かつては多くの死傷交通事故の加害者に適用してきたこの法律は、大規模災害などに適用されてきた伝家の宝刀でもある。県警もこの法律の適用を視野に入れての捜査方針を固めている模様だ。

大規模火災で過失責任が追及されたケースとして、一九八二年に発生したホテルニュージャパンの火災が有名だ。死者三十三人を出した管理責任を追及した警視庁が、横井英樹社長（当時・故人）ら四人を業務上過失致死傷の疑いで逮捕。横井被告は禁錮三年の実刑判決を受けている。

業務上過失致死傷罪の立件のポイントは二点ある。それは容疑対象となる者が、火災の予見できる立場にあること。そしてその火災を発生させない危険回避義務があるかどうか、だ。つまり、今回の火災の場合、捜査対象者が火の不始末など、建物内部から火災が発生することを予見することが出来たのか、出来なかったのかどうか。そして、その火災を回避する手段であるスプリンクラーの設置などを執りうる立場にいる人間がいたのかどうかが重要なポイントになる。この二点を立証するには、過去の捜査を見ても、相当の時間がかかると思われる。

この場合、火災原因が特定されなくても、立件は可能だ。二〇〇一年の東京・新宿の歌舞伎町の雑居ビル火災では、火災原因が特定されないまま、ビル所有会社の経営者六人が業務上過失致死傷罪で起訴され、五人に執行猶予付きの有罪判決が出ている。一人は無罪になった。

過失責任の追及は、この手法に従って、組織末端の人間から次第にトップへの責任を問うことになる。問題は、たとえ立件できても、容疑の対象者が現場の人間だけだったり、現場の責任者だけでは、「たまゆら」の責任が問われたことにはならないことだ。捜査がどこまで伸びるかも注目のポイントになる》

実際の逮捕は翌年二月に持ち越されたが、焦点は業務上過失致死傷罪の適用だった。逮捕容疑者が、こうした事故の発生を予見できたのか、そして危険を回避できる立場にあったのかどうか。この二点を立証する必要が県警にあった。そのことを捉えて書いた予定稿だった。

業務上過失致死傷罪は交通事故によく適用されるが、組織犯罪や大事故にも使われる伝家の宝刀だ。しかし適用して起訴したとしても、無罪になったケースも多く、捜査は長引く。

たまたま私はその時、朝日新聞の四月一日付人事異動で東京本社に上がる内示を受けており、ギリギリまで取材して県警担当者に県警捜査の方向性を引き継ぎするために、この予定稿を書いた。

その後の捜査などで、「たまゆら」が無届けだが、入浴や排泄・食事の介護などをサービスとして実施しており、実質的な有料老人ホームに該当すること、建築基準法関連が定める構造をとっていないこと、入所者が自らで解除できない施錠をしていたこと——の点が浮き彫りになった。無届けで増改築を繰り返しており、建築基準法違反も繰り返されていた。「入所者の徘徊防止のために」と称して食堂の出入り口など三カ所を南京錠などで施錠しており、入居者が自ら避難することは事実上不可能だったことも分かってきた。悪質な経営実態が明らかになってきた。

この予定稿の方向性は正しかった。

県警は翌年二月、ホームの理事長と理事の二人を業務上過失致死傷容疑で逮捕した。火災原因が特定できないままの逮捕だった。県警は渋川署に調査本部を設置した。

二〇一三年一月、前橋地裁は元理事長に禁錮二年執行猶予四年（求刑禁錮二年六カ月）の判決を言い渡した。元理事は無罪（同禁錮一年六カ月）とした。元理事長に五人の死亡に対する過失責任があると認定し、「煙感知器の設置などを怠っていた。火災を拡大する危険性があり、入居者に危険を及ぼす予見は可能だった」と述べた。理事については、施設長として進言する義務があったとする検察側の主張を退け、「注意義務は認められない」と述べた。

業務上過失致死傷罪についても今後もいろいろな事件で適用されるであろう注目される法律だ。現場で何が起きているか、情報を精査して取材を続けるしかないだろう。

▼行政のお粗末さ

一方で今回の火災で浮き彫りになったのは、福祉行政のお粗末さだった。高齢者で生活保護受給者の受け入れ施設がないとして、行政側はこの老人ホームを紹介し、ホームも受け入れた。無届け施設に頼ってしまった行政の責任もまた浮き彫りにされた。受け入れ側の行政も何の対策も取らなかった。

逮捕・起訴された段階で理事長は「今回の事件の責任はすべて私にある」として、容疑を認めた。

理事長本人は渋川市北橘町八崎一帯を「福祉の里」にする構想を夢に描いていたという。その後のマスコミ報道でも「福祉の里」構想について語っていた。約五千平方メートルの土地に、特別養護老人ホームやデイサービス施設、心身障害者授産施設、ショッピングセンター、地域交流ホームなどを整備するという壮大なものだった。しかし何の実現性もないものばかりだった。

認知症の高齢者が脱走するなど近隣地区の住民を巻き込んだトラブルが続発し、果ては職員の給与も満足に払えない状態となっていた。そんな施設で火災が起き、犠牲者が出た。福祉行政の谷間で発生した事件だった。

群馬県で起きたこの火災が投げかけた福祉行政の谷間の闇は深かった。

（了）

0 ほくほく線

▼最後の乗車

北陸新幹線が開業する前日、私は越後湯沢駅から出発した特急「はくたか」に乗っていた。はくたかは、在来線の上越線を北上し、六日町から第三セクターのほくほく線に入った。はくたかは速度を上げて山間部のトンネルを抜けて疾走する。在来線最高速度の一六〇キロを維持し、走り抜ける。難工事だったトンネルも多い。途中、十日町駅に停車した後、今度は信越線に合流し、直江津駅に着いた。さらにはくたかは西に進み、富山駅などを経由して、終点の金沢に到着した。

翌日の北陸新幹線開業で、この特急はくたかは姿を消す。新幹線開業で並行在来線の経営分離が現実となる「ラストラン」となる瞬間だった。

車内放送では車掌が、最終日であることを、異例の長いスピーチで乗客に伝えていた。

一九九七年三月開業からわずか十八年。東京から北陸地方のアクセスに貢献してきた特急がなくなることの未練も、私には伝わってきた。利用者への感謝の言葉も添えていた。

二〇一五年三月十三日、私はこの最後のはくたかに乗り、ほくほく線の歴史を振り返っていた。

▼歴　史

ほくほく線は、第三セクターの北越急行が上越線六日町駅から信越線犀潟駅までを結ぶ単線鉄道だ。六日町といい、十日町といい、犀潟駅に続く直江津駅といい、豪雪地帯を結ぶ新潟県民悲願の鉄道だった。陸の孤島を結ぶ鉄道だった。

そのほくほく線の構想は開業より半世紀も前に遡る。太平洋戦争前に構想が持ち上がり、実際の計画案が示されたのはその四半世紀後。国鉄の経営悪化と分割・民営化による影響などで工事もストップするなど、紆余曲折を経て、開業にこぎ着けていた。

開業前、建設を続けてきた鉄建公団に取材し、現地の様子を私は見ていた。私を現地で案内してくれた職員は、特急はくたかを「スーパー特急」と表現していた。

この「スーパー特急」とは、整備新幹線構想で出てきた「スーパー特急」や「ミニ新幹線」とは違う意味で使っていた。

当時、在来線最速の一四〇キロで走ることができる特急という意味で使っていた。「スーパー特急」や「ミニ新幹線」構想は当時、フル規格の新幹線を造らない代替策として出てきた構想だ。スーパー特急は新幹線の土台の構造物を先に造った上で、速度の速い特急を走らせて、時代の状況に応じて、フル規格の新幹線に代えていこうという計画だった。しかしその後、構想は消えてしまい、フル規格の新幹線ができることになった。ミニ新幹線構想はその後、山形新幹線や秋田新幹線で具現化した。在来線の線路を広げて新幹線サイズの標準軌にして走らせることで決着した。

ともあれ、鉄道を造ることができたことを、鉄道マンらは誇りを持って話してくれた。山間部を走らせるため、掘り続けたトンネルの多くは難工事だったことも、聞いていた。

特にまつだい駅とほくほく大島駅間にある「鍋立山トンネル」は難工事の一つで、青函トンネルの掘削技術を駆使して開通させた九千百十七メートルのトンネルだ。詳しくは『「動く大地」の鉄道トンネル』（峯﨑淳著、交通新聞社新書）に詳しい。このトンネルがなければ、ほくほく線も出来なかったと書いている。

トンネルを三工区に分けて、真ん中の中工区では、発破のダイナマイトの爆発で内部のメタンガスが引火し、さらには石油に引火した。石油は山から滲み出た自然の石油で、その石油が燃え上がっている状態を見て、恐怖を感じたベテランの作業員約十人のうち八人が次々と辞めていった、という。

《「こんな危ない現場にはおれんがな」と言って、その日限りで辞めていきました。彼らはトンネル掘りとして長い経験のある人々でした。（中略）辞めたいというものを引き止めるわけにはいかず、ともかく災害を未然に防ぐ対策を講じることにしました》

《鍋立山トンネルは、トンネル技術者たちの不屈の努力によって遂に貫通します。それは喩えが古くて申し訳ありませんが、日露戦争のときの２０３高地を巡る決戦にも似た、地山との凄まじい戦いでした。相手は人間ではなく山でしたが、掘れば掘るほど抵抗の力を増して反撃してくるのですから、まるで山が人間に悪意を抱いているかのようにさえ思われました》

その悲願の鉄道がようやく完成する。鉄道マンの喜びと誇りを感じさせてくれた取材だった。

一方で国内では整備新幹線構想の推進が、自民党議員を中心に進められており、新幹線を整備する場合、いわゆる並行在来線の経営分離という難題も浮上してきた。赤字ローカル線を地元自治体に押しつけられる、という危機感も地元では出てきた。

私は期待と不安が混じるほくほく線の開業、という前打ち原稿を出した。

そして偶然にも、開業翌年の一九九八年四月、私はそのほくほく線を走る特急はくたかの停車駅である直江津駅がある新潟県上越市の朝日新聞上越支局に赴任することになった。

▼越後湯沢駅と直江津駅

東京から直江津駅に行くには、上越新幹線に乗り、越後湯沢駅でこの特急はくたかに乗り換える。この乗り換えに自動改札機を通る時は、計三枚の切符が必要だった。

一枚が越後湯沢駅までの新幹線切符、一枚が直江津駅までの乗車券、そしてもう一枚が特急はくたかの特急券だ。

夏のお盆のシーズンや年末年始は、多くの帰省客がこの越後湯沢駅で乗り換えるのだが、お年寄りは三枚の切符を用意していないことが多く、自動改札機をうまく通過できない客が続出し、ＪＲ側は大量の職員やアルバイトを雇って誘導する光景が見られた。

新幹線と特急はくたかはうまく接続できるよう、ダイヤ設定されており、乗り換えて数分後には越後湯沢駅を出発できた。上越線を六日町まで北上した特急はくたかは、ここからほくほく線に入る。と同時に速度をぐんぐん上げていく。

ほくほく線は高規格鉄道として建設されており、トンネルも多く、ほぼ一直線の単線だ。

特急はくたかの開業当初の最高速度は一四〇キロ、最終的には一六〇キロで走り、在来線としては最高速度を保持していた。つまり、二〇〇キロ走行の新幹線と極端な速度差はなかったのである。

特急はくたかの独特のモーター音も気に入っていた。他の特急車両にはない、独自の音源だった。

ほくほく線が間もなく終わり、信越線に合流する直前の鉄橋を渡ると、数分で直江津駅だ。下車準備をすることになる。

当時の朝日新聞上越支局は、直江津駅から歩いて約十分の場所にあり、私は時間があれば、よく直江津駅や北陸線沿線に散歩に行った。またマイカーやほくほく線を使って、沿線各地を見聞していた。

上越市は直江津市と高田市が合併してできた都市であり、その旧直江津市は国鉄時代から北陸地方の交通の要所として栄えていた。直江津駅は長野方面から来る信越線と富山方向に行く北陸線が交わる大切な乗換駅で、私が勤務中は大幅な駅舎改修工事があり、当時は大阪から日本海回りで札幌に向かう寝台特急トワイライトエクスプレスが運行し、夕日で映えるこの寝台特急列車が直江津駅で停車するシーンをよく見ていた。

その一方で、長野新幹線の延伸である北陸新幹線の建設は進んでおり、朝日新聞上越支局管内の山間部でもトンネル工事は進められていった。

当時の市長も地元出身の自民党国会議員も、新幹線を誘致したのは私の力だ、と誇示していて、市長が自らを「ミスター新幹線」と評していることに、苦笑したこともある。政治案件であることには間違いないが、政治家一人で新幹線が建設できるとは、だれも思っていない。

ほくほく線沿線の自治体は、半世紀前からの念願だった鉄道ができたことに、期待を寄せていた。

例えば、浦川原村（現上越市）では、開業から二年が経過した一九九九年四月の広報誌「うらがわら」で特集を組み、同村を走っていた軽便鉄道が廃止された経緯から始まり、ほくほく線開通で村民に与えた利便性と効果、さらにはＪＲとの接続の悪さなど、同村から見たほくほく線の現状を分析してみせた。

《大正三年に開通して以来、五十七年間にわたって頸城平野をひた走り、沿線住民の足として輝かしい足跡をとどめた頸城鉄道は、その役割を終え、自動車にその地位を譲って姿

を消したのでした》

過去の軽便鉄道をこう振り返った。

廃止から二十六年して、ほくほく線が開業するまでの長い歴史にも触れた。同鉄道は昭和初期に話が持ち上がったものの、ルートについて軍事的圧力があって複数案が浮上し、戦争の影響で中断、挫折を繰り返し、最終的にはスーパー特急を走らせる高規格鉄道になったいきさつも紹介。長い間の悲願が達成された喜びを書いている。

近い将来の不安も書いている。

同鉄道の業績について、収入の九割が特急列車の運行収入だとして、好調さをアピールしているが、一方で北陸新幹線長野以北が開業すれば、

「苦しい運営になることは否めない」

と表現している。

この指摘は悲しいが、当たってしまった。

「JRとの接続の悪さ」とは、ほくほく線の特急はくたかと同時に運行が始まった普通電車に乗った場合、直江津駅での接続が悪いことを指している。

▼経営分離

この広報が不安視したように、北陸新幹線（当時は「長野新幹線以北」と表現）の建設で、このほくほく線と特急はくたかが駆逐されてしまうことは、十分に予想されていたことだ。

その広報が掲載される約一年前、私はかつて訪れたイタリアの鉄道を例に、こんなコラムを朝日新聞に書いた。当時、ドイツで多数の死傷者を出した特急列車事故があり、その点に触れて、ほくほく線の将来を憂う内容だ。

《新潟県に昨春開業した第三セクター「ほくほく線」を走るＪＲ西日本のスーパー特急「はくたか」は、素晴らしい乗り物だ。直江津駅を出てしばらくすると高架線に入る。どんどん加速して、在来線最高速の一四〇キロ運転が続く。運輸省規則さえ変えれば一八〇キロという新幹線並みの高速運転が可能だろう。揺れは少なく、一時間足らずで越後湯沢駅に到着する。北陸と東京を結ぶための新しいアクセス特急としての面目躍如だ。

はくたかのことを書いたのは、ほかでもない。ドイツ鉄道の特急ＩＣＥ（インターシティー・エクスプレス）の事故で、欧州の鉄道事情を改めて考えたからだ。原因究明はもちろん大切だ。ただ、高速鉄道網を広げる中で、欧州各国が新線建設と既設の鉄道路線をうまく利用している点は評価してよい。イタリアの特急ペンドリーノも、ミラノからフィレンツェまでは既存鉄道網を利用し、そこから高架線でローマまで行く。フランスのTGVにしても、新設された鉄道路線を中心に疾走するが、既存のホームを使っている。

日本で悲しいのは、こうした欧州の発想が生かされていない点だ。整備新幹線は長野以北の建設が決まり、二十年後にはここ上越市にも駅ができる。となると、ほくほく線が無用の長物となる可能性も出てきた。あれほど議論されたミニ新幹線構想もスーパー特急構想も消えようとしている。

開業前のほくほく線を現地で取材したことがある。鉄建公団の技術者が、ここを走るスーパー特急に耐える路盤の鉄道を造る意気込みを語っていたことを思い出す。そうした努力があってこそ、鉄道は安全な乗り物であり続けるのだ。在来線でも高速運転が可能なことを示すほくほく線のはくたかが、新幹線に駆逐されることを私は恐れる》

（一九九八年六月八日付『朝日新聞』「ミニ時評」）

このコラムから十七年後の二〇一五年三月、図らずも、私が危惧したように、特急はくたかは駆逐されてしまった。

北陸新幹線が開業し、在来線の経営分離がスタートした。ほくほく線もその一つとして、特急はくたかは廃止され、同鉄道は新潟県の一つのローカル線に格下げされた。はくたかが走ったことで得られた鉄道収入もなくなった。完全な切り捨てだ。

北陸新幹線の開業でＪＲ信越線と北陸線も経営分離され、第三セクターのえちごトキめき鉄道が発足し、上越地方の在来線の運行を始めた。「妙高はねうまライン」（旧ＪＲ東日本信越本線）と「日本海ひすいライン」（旧ＪＲ西日本北陸本線）の二つの路線を持つ総延長九十八・三キロになる鉄道だ。

また廃止された在来線特急の「はくたか」の名称は東京・金沢間を運転する停車タイプの新幹線列車に転用された。名前は残ったが、全く違う列車になった。

はくたかが停車していた直江津駅は、二〇〇〇年四月に新駅舎になった。上越市の駅周辺整備事業の一環として三年前から工事が進められていた。信越線と北陸線、ほくほく線の三つの路線が交わる北陸地方の鉄道の要衝駅としてその存在感を示した形だったが、この駅舎も北陸新幹線の開業で、在来線特急電車が激減して、単なる地方のローカル駅になってしまった。

何のためのほくほく線だったのか。何のための特急「はくたか」だったのか。華やかな新幹線開業の裏で、地方は切り捨てられていく。この現状を伝えていかなければならない。

（了）

P

草加市議会と市長

▼地方議会の現場

全く根拠がないのに、あると言い張り、批判する。そして非難する。そして糾弾する。怪文書も当然のように出てくる。全国各地を転勤していると、おかしな議会風景が時折見られる。もはや言論の府とか民主主義の砦とか表現することをためらう場面に出くわす。

二〇一〇年九月から十二月までの埼玉県草加市議会は異様な雰囲気の中で、続けられていた。傍聴していた私はうんざりした気分になっていた。根拠のない話を持ち出して糾弾する自民から共産までの市議たち。どこを根拠に批判しているのか。

当時私は朝日新聞東埼玉支局（埼玉県越谷市）に勤務していた。

批判の対象になったのは、市長の木下博信（当時）。批判していたのは自民、公明、共産までのオール野党の議員だった。曰く、「暴力団と癒着している」。曰く、「逮捕された元助役をかばっている、本人も同罪だ」。

批判している内容は、はっきり言って、事実無根の話だった。

市議会を傍聴していた私とライバル社の記者が目を合わせた。

「何か変な方向に動いているな」

そう感じた。

市議会の野党の「木下嫌い」は相当なものだった。その九年前に市議から市長に初当選した時こそ、摩擦はなかったが、二期目ごろから、緊張関係になり、四年前にも、暴力団とのつながりがあるという理由で不信任案が出されたことがある。この時は否決されたが、辞職勧告案が可決された。

木下の公約は、一貫していて、「政治改革」。市役所の財政再建を図り、市民の政治をつくるというもの。職員数をこの九年間で三百二十八人減らして九百五十八人にして、年間十四億円の人件費を削減したほか、無駄な支出を抑えるなど赤字体質からの脱却を目指してきた。

改革に対する市内外の反発は強かった。不当要求した市議らをはねつけ、能力が低いと評価した職員は、担当から外すなど、民間企業では当たり前の話が、一部では強権政治とも映った。

その反動か、根拠がないような噂話で、木下を批判する市議も出てくるようになった。

一つが、暴力団との癒着話だ。

暴力団関係者が市役所に苦情に来た。それを市長の木下が市長室に招いた。そんな話の延長として、木下が暴力団と癒着している、という攻撃材料になった。

木下の自宅近くに、暴力団幹部の自宅と思われる建物があり、近所というだけで、これも「癒着」と批判された。全く根拠はなかった。私自身、取材の名目で木下の自宅に何回か訪問し、上がらせてもらったことがあるが、雑談の中でも全くそんな雰囲気はなかった。

根拠もないのに、自民から共産の議員まで批判・非難する。木下は革新でも左派でもなく、どちらかというと自民に近い考えの政治家だ。政治改革を掲げて、財政再建に取り組んできた。これは評価されてよい。財政再建の中には、市議たちの既得権も解消しようとしていた。そんな政治家を滅茶苦茶な論理で非難する。

要するに既得権を侵害された市議会議員が反発しただけなのだ。

民主主義の砦であるはずの市議会は、あらぬ方向に向かおうとしていた。「木下嫌い」がそのまま根拠のない批判・非難となった。もはや民主主義とは言えない状況だった。

ある市議は私にこう解説した。

「市議時代は同じ会派にいて、仲間だった。最初の二年間は何でも相談に来て、政治改革について話し合った。それが次第に相談なく、決めるようになった」

次第に木下の強権ぶりが鮮明になってきたことを証言する。しかし一方で、こうも付け加えた。

「昨年の市長選をみそぎととらえて、市議会との緊張を解消する方向だった。そんな時に、元助役の話が出た」

▼元助役

その年の七月、木下は自身の首を絞める言動に出た。これが結果として、自身の市長失職に繋がることになった。

発端は、七月の記者会見での発言と、八月の市広報紙に書いた市長コラムだった。五年前の贈収賄事件で有罪となった元市助役の執行猶予期間が終わったのを機に、「行政的には不正はなかった」と擁護するかのような発言を載せ、波紋を広げた。

さらに、元助役を副市長に復職させようと画策したことが議会で明らかになると、反市長派から「議会や市民を愚弄するもの」と市長批判の動きが一挙に加速。最初の不信任案は九月に可決された。だが、木下前市長は自らの失職でなく、議会の解散を選んだ。

元助役は木下前市長が登用した人物だった。「行政能力は長けているが、有罪が確定した人間を登用しようとするのはおかしい。その常識が理解できないのか」。木下の言動に疑問を持つ関係者は多かった。

関係者の話を総合すると、木下が元助役を副市長にという案を、親しい人間に打ち明けたのは、四月ごろ。何人かの人間に打ち明けるたびに、否定や反論をされて、そのまま会見での発言になったという。

九月の定例市議会で、野党側の市議が「元助役を副市長にしようと打診してきた」と水面下の動きを暴露し、反木下の野党が団結し、最初の不信任案を出して、二十四対五で可決した。「有罪を受けた人間をかばうとは」というのが、野党側の言い分だった。

これに対して、木下は市議会を解散する手段に出た。任期満了に伴う市議選を一カ月早めただけだったが、野党側は「市長を辞めて、市長選をなぜしないのか」と反論したまま、市議選に突入した。

ただし実際の選挙戦では、木下批判を聞くことはなかった。市民の木下人気を配慮して、批判できるような雰囲気ではなかった、とある新顔市議は振り返った。

元助役をかばう真意はどこにあるのか。ある関係者は、

「元助役の行政マンとしての能力を使いたかったのではないか。しかし、行政と民間は違う。やってはいけない打診だった」

と解説する。

別の関係者は、

「二人の間には、何か特別な関係があるのかもしれない」

と説明するが、具体的な事実は分からない。木下も元助役も、
「特別な関係はない」
と否定する。

ただ木下の政治姿勢からはある程度類推できた。「原理原則を守る」政治家であること。たとえ汚職事件で有罪判決が出た人間であっても、すべてを否定しない。社会的な救済を考える。こんな政治姿勢ではなかったのかと思った。

解散による市議選の結果は、定数三〇の市議会で、「反木下」を鮮明にした自民、民主、公明、共産の計四党、五会派の二十三人が当選した。

私は議員一人ひとりに取材をして、再度の不信任案決議をどうするか聞いていった。それを事前に集計し、市議選結果に、不信任案を再度提出し、可決され、木下市長が自動失職することを予想する記事を朝日新聞埼玉版に書いた。

市議会では圧倒的多数の野党議員による不信任案が再度可決されて、木下は失職することになった。不信任案が二度可決されると自動失職する。

失職しても、新たな市長選に出馬することを、木下は表明した。

そして最後となる臨時市議会では、木下が最後に反論に出た。これまで控えていた強烈な事

実の暴露だった。それが私には印象的な議会風景に映った。

私は傍聴席から見た市議会の光景をこんな原稿を書いた。

《「法令順守していないというが、法令順守をしていないのは、どちらなのか」

十月二十七日の草加市議会臨時会。木下氏が行った「一身上の弁明」で、こう言い放った。

最初の不信任案が可決されたため、市長だった木下氏が市議会を解散し、その市議選が終わって最初に召集された臨時会。木下氏に対して再び不信任案を出そうとする情勢の中で、木下氏は「ある市議団団長は、自分の子供を市役所に就職させるよう、私に言ってきた」「別の市議団団長は、知り合い業者を指名入札させるよう、名刺を持ってきた」と、不当要求があった事実を暴露した。

と同時だった。名指しこそしなかったが、当事者と見られる市議が、間髪を容れずに、「ウソだ」と大声で叫び、他の市議もヤジを繰り返し、市議会は一時、騒然となった。

これまでの木下氏と言えば、野党に追及されても反論はしない答弁方法を貫いてきた。それが、突然の反論。「売られたケンカを、初めて買った」と関係者は見た。

その木下氏。朝日新聞の取材に対して、「私はいろいろな市議の不法行為を見てきた。しかし黙っていた。いろいろな事実を暴露したら、市議のみなさんはどうなるのでしょう

ね」と強気に話した》

この木下の強烈な発言で臨時市議会は大混乱した。

木下と市議会の対立は、もはや修復することは不可能になった。市議会と市長という対立は、全国どこでも見られる光景だし、民主主義の観点からもその緊張感は必要なものだが、草加市の場合、市議会議員が根拠のない批判と非難を繰り返し、市長の政治生命を奪うという点が際立っていた。

対抗馬として出馬するのは、自民市議らが担ぎ出した市職員の市議会事務局長だった。私は元助役との接触を何回も試みた。そして丁寧に何回も話を聞いたが、贈収賄事件での有罪判決が出たこと以外、優秀な行政マンである印象を受けた。悪意は感じなかった。

市長選が始まった。怪文書もばらまかれるようになった。すべてが木下批判だった。発信源はほぼ特定できた。ここまでやるのか、と驚いた。

▼木下落選

たかが市長選と言う人もいるだろう。しかし地域の権力構造が変わるという、地元にとっては大切な戦いだ。地元記者は丁寧に選挙人脈を掘り当てていく取材が必要になる。選挙事務所回りや地元の権力者、支援者、県議や国会議員らを回った。

選挙戦に突入し、前回の市長選と状況が変わってきたことが分かった。

木下に不利な状況が出てきた。前回まで支援してくれた有力者が離れて、一部が相手陣営に回ったことだ。支援組織は、元助役の言動を理由に解散した。また町会連合会会長も、反木下色を鮮明にした。「木下はかわいい。しかし、ここは一回休めと言いたい。四年後にまた出ればいい」とまで言い切る。

果たして、木下は、「孤立する改革の騎手」なのだろうか。それともワンマン市長だっただけなのだろうか。そんなことを私は当時のメモに書いている。

一方の相手陣営。十一月五日の後援会の設立総会で、応援演説をした自民県議の発言が、後に話題になった。

昨年の市長選で反木下キャンペーンを行い、ネガティブキャンペーンをしたことから、自らの後援会で批判され、今回の市長選では、あまり応援はできない、という趣旨の内容だった。

会場からは「何を言っているんだ」と失笑と反論が出た。

この県議の後援会メンバーは、木下の支援者と重なっており、木下批判をすればするほど、自らの票を減らすことに気づいた、と関係者は解説する。来春の統一選の県議選まで半年しかない。市長選より、自分の県議選の方が大切だというわけだ。

市長選の結果は相手が当選し、木下が落選した。

そして次回も同じ構図の戦いになり、再度木下が破れた。しかし次の県議選に転戦し、木下氏は県議として活躍の場を広げることになった。

当時の市長選や市議会を振り返って、ある市議は私にこう言った。

「当時はネガティブキャンペーンをずっと仕掛けていたから、あることないこと批判した。それだけ木下は我々には敵だったということです」

なりふり構わぬ批判と非難。それが現代の民主主義における戦争ということなのだろうか。既得権を奪われる危機感を持った市議会議員が、木下を葬った。そういうことなのだ。

そんな思いを込めて、私はルポを新聞に書いた。

市長と議会の対立が先鋭化しているのは、全国各地で見られた。名古屋市や鹿児島県阿久根市でもあった。丹念に取材していくと、根拠のない非難の応酬というケースや、市長の独裁が招いた対立もある。戦後の日本を支えてきた二元代表制が揺らいでいるのではないか。そんなトーンで書いていった。

一連の市議会と市議選、市長選で、思わぬハプニングがあった。市議会の議会運営、特に木下を批判してきた野党議員に対して批判的な記事を展開していたある全国紙の記者について、浦和支局長宛てに、野党議員が抗議文書を送ったのだ。

その理由がふるっていた。

市議会傍聴席では禁止されている録音をした、というものだった。

抗議文書を受けて、その記者は浦和支局長から注意されたというから、お話にならない。

市議会は民主主義の砦だ。人数制限はあるが、自由に傍聴させなくてはならない。しかも市議会本会議はインターネットで中継している。

たとえ、規則で録音を禁止していたとしても、抗議するような内容ではない。要するにいちゃもんと取材妨害に他ならない。その記者は別の理由でしばらくして異動になり、記者職を外された。その新聞社は何を恐れたのだろうか。

こんな市議会議員が、木下を「暴力団と癒着」と批判・非難していたのだ。歪んだ市議会としか言いようがなかった。

私の書いた一連の記事がそんな歪んだ民主主義の状況を伝え切れたかどうか。

地方議会の歪んだ状況を伝えるのは、地方に在住する記者しかいないのだ。現場は地方にある。

地方で記者が活動することで、民主主義は成り立っているのだ。

木下批判の急先鋒だった当時の市議の妻で自身も県議だった山川百合子が、衆院議員を経て、二〇二二年十月の草加市長選に当選したのは、歴史の皮肉だ。立場が一八〇度反対になった。


（了）

Q

総選挙の当打ちと復活当選

▼落選は書けない

「えっ、そんな予定稿はないよ」

心の中でそう叫んだが、デスクは部下が書いた原稿を勝手に直していく。ストップをかけようと思ったが、真剣にやっているので、これは無理だなと思った。

ある年の総選挙報道で私はある地方の支局にいた。我々は仲間と一緒に選挙当日の投開票後の予定稿を書いていた。

予定稿とは、締め切り時間が間に合わないために、あらかじめ書いておく原稿のことだ。総選挙の場合、小選挙区で数人の候補者が立候補し、そのうちの一人が当選するため、この予定稿を何種類も書いておく。

悩ましいのは、比例区の復活当選だった。小選挙区で落選しても比例区での復活当選があるため、締め切り時間が比較的早い地方版の紙面では、小選挙区での予定稿は落選とは書けないのだ。総選挙の場合、通常の紙面作りと違い、新聞社はきめ細かい締め切り時間を設定し、小選挙区の当選報道を優先させている。しかし比例区の判定は翌日の未明から朝までずれ込むので、小選挙区での落選報道は書けない。これが常識だった。

それなのにこのデスクは落選の予定稿まで書き加えていった。私はちょっと驚くとともに、

「選挙報道を知らないな」

と心の中で思った。

▼当打ち

新聞社にとって、総選挙に限らず、選挙は大切な取材マターだ。選挙によって権力構造が変われば、国政も地方自治体も変動していく。国政選挙である衆院選と参院選、国政選挙に準じる知事選、市長選、市議選、町村長選と町村議選と、手抜きできない取材が続く。選挙取材は先が見えないので、事件取材で特ダネを取るような達成感もない。ひたすら関係者を回って、権力構造の変化を嗅ぎ取るしかない。

私は転勤族だったので、各地で総選挙報道に携わってきた。総選挙は選挙区での権力闘争の

場であり、その結果が国政を左右するため、どの新聞社も力を入れている。

その中でも最終的に力を入れるのは、候補者への当打ちだ。当打ちとはテレビ報道でもおなじみになったが、いち早く他社に先んじて、当選したことを報じることだ。

多くの人たちは、我々が何に時間をかけて報道しているかを誤解している。現場の若い記者もわかっていない。我々現場の人間にとって、選挙報道で一番大切なものとは、選挙の投開票日に、翌日の紙面を作るためどれだけ速く、候補者一人ひとりに、当選を示す当打ちができるのかなのだ。この一点がすべてだ。

これが実に困難で、大変な作業なのか。経験者でないとわからない緊張感がある。

投票が始まる。投票率を気にして、開票を待つ。今は翌日開票などなく、即日開票だ。開票が始まると同時に、どれだけの候補者に当打ちができるかどうか。当打ちこそ、選挙報道の真髄だと言ってよい。


新聞制作とは、常に時間との戦いだ。本社や印刷工場から遠い遠隔地に配達される新聞は、発送時間を逆算して、締め切り時間が早い。本社が近くなるに従って、締め切りが遅くなり、新しいニュースが入ってくる。

深夜になれば選挙結果の大勢が判明するのだが、その大勢を、締め切りが早い早版地区の読者に届けることができるかどうか。当打ちの意味はここにある。当打ちができなければ、全国での政党が伸びたか、どの政党が敗北したか判読できない。大勢をいち早く伝えるための当打ちでもあるのだ。

開票が始まると、当打ち担当者は、あらゆる情報をもとに、当打ちに専念する。担当者とは、総選挙の場合、本社なら選挙区を持つ社会部員などだ。地方はそれぞれの選挙区を持つ地方支局員が受け持つ。政治部は選挙区の受け持ちがない。

次々と当打ちが出来るなら問題はない。開票が八〇%、九〇%を超えても、最後の一人に当が打てない時に、緊張するのだ。紙面制作を受け持つ整理部や政治部が「まだか」と文句を言ってくる。電卓をたたいて残票計算をして、当が打てるか打てないかを判断する。スリリングな瞬間と表現する者もいる。

判断を誤れば、当打ちならぬ、当外しが待っている。当打ちしたのに予想に反して票が伸び悩み、別の候補者の当選が確実になって、泣く泣く当を外すのだ。すでに締め切り時間が早い早版が印刷されていたら、当選していないのに紙面上は当選という大誤報になる。新聞人にとって、当外しは行ってはいけない、恥ずかしい類いのものなのだ。

当打ち作業を単純化してしまえば、選挙区ごとの開票が進むに従って、票が伸びた候補者に、定数の当打ちをすれば良いわけだ。三十分ごとに発表される各選挙管理委員会の中間票を元にグラフを描いていく。この時、各候補者の得票数ではなく、得票率をグラフ作成する。開票が五〇%を過ぎると、次第に各候補者の得票率が横に安定してくる。安定したと判断できた段階が、当打ちの瞬間だ。今はパソコンで集計するが、パソコンがない時代は、電卓とグラフを駆使して計算していた。

もっとも作業は実はこんな単純ではない。むやみに当打ちしているのではない。すべては事前の取材結果を元に作業を進めている。事前の票読みが必要なのだ。

選挙とは現代の民主主義における戦争だ。こう表した上司がいたが、まさにその通りだ。候補者陣営同士の戦いであり、だまし合いだ。ある特定の団体票、組織票をめぐって、水面下で奪い合う。表面上は協力するふりをして、実際には別の人を応援したり、投票したり、と魑魅魍魎の世界だ。応援するふりをして、実際は白票を投じる、というごまかしも多い。

選挙取材とは、こうした水面下の動きを察知し、どの陣営が本当はどれだけ票を取り込めるのか徹底して調べることに他ならない。各陣営事務所を回って、関係者の話を聞いて、この陣営がどの市町村に強いのか、得票率を用いたシミュレーションを描いていく。これを投開票日に使うわけだ。

だから表面的な取材しかできない記者は、事前の票読みがきちんとできていないし、当打ち作業も遅くなるのだ。当打ちとは、徹底した取材結果による積み重ねなのだ。当外しが恥ずかしいとは、取材不足から起きた結果だからである。最近は出口調査と言って、実際に投票所に行ってどんな候補者に投票したかアンケートを取る場合が多い。その結果を当打ち判断に使うわけだが、それだけ金と手間暇をかけて行っていることだけはわかってほしい。最近のテレビ報道では、出口調査結果を当打ち前に報道しているケースがあるが、これはあくまで出口調査結果なのであって、当打ちではなく、邪道だ。

もっとも最近の選挙陣営は、票読みができない陣営もあるといい、陣営取材だけでは取材に限界があることも事実のようだ。想定したよりも票が伸びて、「うれしい誤算があった」と振り返る陣営もある一方、「想定外に伸びなかった」と悔やむ陣営もあり、票読みができなくなっている事実にどう対処していくかが、今後の取材の課題のようだ。

選挙と競馬は一緒だとかつての上司が言ったことがある。ともに予想し的中させる。選挙は当打ちをする。だから立候補のことを「出馬する」と言うのか、と変に納得したこともあった。

▼開票所取材も

開票が始まる開票所での取材も重要だ。当打ち担当者とは別に、開票状況を逐一知らせる役割だ。特に接戦が伝えられる選挙区では、開票所での取材も大切になってくる。

通常の選挙開票は、午後八時の投票時間締め切りを待って、午後九時から始まる。その後三十分ごとに、中間票の発表がある。中間発表は開票所でアナウンスがあるほか、掲示板にも掲示される。最近はホームページにもアップされるようになった。

しかし、その発表を待っていては遅いのだ。

そのために各社はいろいろな仕掛けをする。

双眼鏡を用意する。開票されて、候補者ごとにテーブルに積まれた票の山を読んでいく。通常だと投票用紙を五十票ごとに束にして積んでいき、五百票ごとにまとめていくから、これを読んでいくのだ。

ただこれはまだ基本中の基本だ。

可能なら裏票取りをしないとならない。裏票とはまだ発表されていない票数のことで、これを入手する。多くの場合、開票作業に携わっている幹部職員や首長から情報を入手する。事前に信頼関係を築いた上での情報入手だ。信頼関係ができないと、情報ルートの確立は難しい。携帯電話だったり、メールだったり、三十分ごとの中間票を発表より早く入手して、当打ち担当者に伝えていく。

最近は開票台でのサンプル調査を行う社も多くなった。双眼鏡で職員が開く票をのぞき込み、どの候補者の名前が書かれているか、カウントしていくのだ。一定数のサンプルが集まったなら、別の開票台で同じように調査する。

するとどの候補者が票を獲得しているか、一定の傾向が出てくる。これを当打ちに使う。ただしこれは精度の良い双眼鏡が必要だし、視力もよくないと役に立たない。年を取った記者には老眼のため無理な作業だ。

私がかつて勤務していた朝日新聞東埼玉支局の管内の市町は、開票所の先進地だったことも付け加えたい。

越谷市や草加市など、東京近郊の中堅都市が担当だったが、開票作業をしている開票所の中に記者が自由に出入りできるのだ。目の前で開票作業をしているため、サンプル調査が簡単だった。ある市では、発表前に集計したパソコンの画面を見せてくれるケースもあった。別の市では、票を積み上げる表を職員が書いているところを見せてもらえた。

過去に勤務したベテランの記者が積み上げてきた報道と選挙管理委員会との信頼で成り立っていると思ったものだ。

一方で、群馬県ではそんなサービスは全くなかった。渋川市での開票所で、脚立を立てて、そこから双眼鏡で開票風景を見ていると、若い職員が怒って、やめさせられた経験もあった。票読みを妨害されたことになる。もっとも渋川市は群馬五区の選挙区で、自民の小渕優子が常に圧勝するため、取材には何の問題もなかった。

全国を転勤して、各地の総選挙を取材してきたが、市町村の選挙管理委員会の対応にかなりの温度差を感じた。

選挙取材はそれだけではない。事務作業もある。立候補予定者の顔写真撮影や履歴を書いてもらう調査表を渡すという地味な作業もある。

顔写真は通常三カ月以内に撮影したものと決められており、選挙区がある地元の記者クラブに本人に来てもらうか、国会議員会館に担当記者が出向いて、撮影する。立候補予定者が現職の大臣だとなかなか地元に帰ってくることもないので、議員会館に行くことになるが、東京から遠い東北や北海道、中国、九州だと最悪だ。相手の細かい日程を聞いて上京するため、異様に時間がかかる。

調査表も現職だと秘書に書いてもらうが、その履歴を確認する作業も待っている。以前は学歴まで確認していたが、最近は個人情報を理由に、大学側が在籍や卒業記録を拒否するようになり、学歴の確認ができない。このため最近は自称を採り入れるしかないのが実態だ。

また圧倒的に選挙が強い候補だと、地元選挙区に戻らない人も出てくる。この場合、顔写真撮影も難しくなる。小渕優子もその一人だった。

▼復活当選

衆院の解散と総選挙は、一九九六年に導入・実施された小選挙区制に伴って、大きく変化した。

新しい総選挙制度での報道の一番の悩みは、小選挙区制度を導入し、さらに比例区を持たせた点だ。全国を当時三百選挙区に分けた新しいその選挙区の報道自体は、問題は無い。当選者は一人だけだから、それぞれの三百選挙区に記者を張り付かせ、担当者が一人だけに当打ちをすればよい。複数の候補者に当打ちするこれまでの中選挙区より楽な作業だ。

問題はブロック別比例区ができた点だ。全国を十一ブロックに分けて敗者復活戦のような仕組みを作った。惜敗率というややこしい計算を加えて、比例区の当選者を決めていく。

政権に都合の良い選挙結果をもくろんだ結果だ。選挙区では定数一を争うため、比例区の復活当選はあるが、無駄になった票は、そのまま民意として反映されることはなく、死に票、無駄票になっていく。政権党が有利になるのは間違いなかった。

一部の歴史学者はこの選挙改革こそが、戦後日本の民主主義のターニングポイントだと指摘している。

選挙区で当選できなくても、比例区で復活するという現象は、我々新聞人を混乱させた。締め切り時間が早い地方版に、選挙区での当打ちをする一方で、比例区復活での当選は翌日の未明から早朝にかけて決まることも多く、地方版に入らず、朝刊の全国版に入らず、翌日の夕刊かさらには翌々日の朝刊での掲載になってしまうのだ。これが選挙翌日の紙面では、「落選」と報じることが出来ない理由だ。

具体的に記そう。

二〇一二年十一月の衆院・解散と十二月の総選挙の時、私は朝日新聞東埼玉支局に勤務していた。取材対象管内は県東部の春日部、越谷、草加、吉川、三郷など、東京近郊の中堅都市を多く抱えていた。支局は私も含めて記者が三人おり、それぞれの選挙区を担当していた。

この解散・総選挙は当時の民主党政権下で野田佳彦首相が行った。消費増税の攻防と野田政権の支持率低下などがあり、解散に踏み切った選挙だ。

そのうちの埼玉十四区からは日本維新の会公認で立候補した候補者が、選挙区で自民党新人候補に敗れたが、比例北関東ブロックで比例復活、初当選した。

この時も比例復活が分かったのは翌日早朝で、当選会見はその日の夜になった。担当記者は「もう取材はできない」とさじを投げていたことを思い出す。復活当選の取材は記者のエネルギーを使うとしみじみ感じた。

二〇二一年十月の総選挙では与野党の大物候補が小選挙区で勝てず、比例区で復活したことから、その比例復活に対する違和感を覚えた有権者も多かった。

（了）

（この項は『マスコミ市民』などに書いた記事から一部引用し、新たに執筆したものです）

R

ジェンキンスさん死去と曽我ひとみさん

▼真夜中の電話

私のスマートフォンに東京本社社会部デスクから電話があったのは、真夜中だった。ぐっすりと寝ていた時間帯だった。日本海の離島、佐渡島にある朝日新聞佐渡支局に赴任して三年目の二〇一七年十二月十二日。季節は師走に入っていた。日本海の海が荒れる時期だ。新潟港と両津港を二時間半で結ぶ一日三往復するフェリーも欠航が出始める冬だった。

本社は新聞の朝刊の降版時間が過ぎて、朝刊作業が終わり、各紙朝刊早版の交換作業が終わった時だったのだろう。大阪本社では各社が締め切り時間の早い朝刊早版の紙面を交換する協定がある。

その各紙朝刊のうち、読売新聞社会面に出ていたのが、北朝鮮拉致被害者の一人で、新潟県佐渡市に在住していた曽我ひとみさんの夫、ジェンキンスさんが死亡したという記事だった。

読売新聞だけに載っていた。読売新聞の特ダネである。地元の私も知らないニュースだった。要するに、「抜かれた」。夕刊で追いかけなくてはならない。こんな指示だった。

朝日新聞佐渡支局は一人勤務で、私以外だれもいない。各紙も読売新聞も一人勤務だ。地元紙は新潟日報が五人の記者を常駐させているが、毎日新聞は撤退しており、記者はいなかった。

通常の指揮系統では、本社のデスクが新潟総局デスクに指示し、その新潟総局デスクが私に指示するというのがルールだが、余程慌てていたのだろう。

佐渡島は、新聞の配達が遅い。貨物船で新潟港から運ばれてくるため、首都圏の配達時間より数時間遅い。船の欠航が続けば、新聞そのものも届かない。

私は朝が来るのを待って、読売新聞の記事も読めないまま、関係者に電話取材をして、事実確認をして、追いかけ原稿を書いた。

パソコンで書いたのは、こんな前文だった。


《北朝鮮による拉致被害者、曽我ひとみさんの夫、チャールズ・ジェンキンスさんが十一日、住んでいた新潟県佐渡市で亡くなった。七十七歳だった。同市関係者によると、十一日午後七時ごろ、自宅の外で倒れているのを帰宅した娘が見つけて一一九番通報。病院に運ばれたが、死亡が確認されたという。死因は致死性不整脈だった》

こんな書き出しで、佐渡とジェンキンスさんとの繋がりを書いていった。また妻の曽我ひとみさんのコメントが、市役所担当者を通して入ったので、それを付け加えた。

《曽我さんは市を通して「突然のことでびっくりしています。いまは何も考えられません。冷静になったらコメントしたいと思います」と談話を出した》

曽我さんらしいコメントだと思った。取材に丁寧に対応する。その姿勢を私は佐渡支局に赴任して以来、ずっと見てきた。

ジェンキンスさんの死因はいわゆる病死だった。事件性はなかったと判断された。

ジェンキンスさんは米ノースカロライナ州で生まれ、在韓米軍に所属していた一九六五年、国境を越えて北朝鮮に入った。いわゆる脱走兵だ。七八年に拉致された曽我さんと八〇年に結婚。二人の娘をもうけた。

曽我さんは二〇〇二年の日朝首脳会談を経て、同年に帰国。ジェンキンスさんは〇四年、娘二人と北朝鮮を出国し、経由地のインドネシアで曽我さんと再会し来日した。在日米軍の軍法会議で脱走などの罪により禁錮刑の判決を受け、収監された。その後、曽我さんの出身地の佐渡市で暮らし、観光施設で働いていた。〇五年には手記『告白』を出版し、タイ人などの拉致被害者の存在を明かした。

曽我さんは九月の記者会見で、ジェンキンスさんが今年から出勤数を制限していると明らかにし、「高齢だけが心配です」と語っていた。

こんな経歴を記事で書いた記憶がある。

▼人　柄

夕刊用の原稿を書き終えた後、ジェンキンスさんの死去を受けて、佐渡市では親交などがあった関係者が報道陣の取材に答えた。私も報道陣の一人として加わった。

日本語が出来なかったジェンキンスさんの通訳を十三年間務めてきた本間啓五さんは「驚いています。あまりに突然だった。あっという間だった」と突然の訃報に驚いた様子で過去の付き合いを振り返った。

「よく自宅に遊びに行って、ご飯を一緒に食べた。酒も肉も好きで、ステーキやハンバーグ、チーズを食べたな。先日も遊びに行った時、風邪を引いていた。寒波が過ぎたらまた遊びに行こうと思っていた矢先だった。もうちょっとゆっくりと酒を飲みたかった」

と悔しそうに話し、通訳以上の付き合いがあったことを打ち明けた。

佐渡でのジェンキンスさんは二輪車の免許を取り、二百五十ccの二輪車に乗って佐渡を走り回っていた。

「佐渡での生活は楽しい人生だったのではないか。佐渡に来た時の体重は五十キロもなかったが、次第にふくよかになってきた」

と話した。

「日本語を学ぶと言っていたが、結局覚えなかった。もっぱら英語で話した。(観光施設での)仕事も楽しんでいたようだ。今年は孫も生まれて、楽しそうにしていた。ただ拉致問題については解決してほしい。しかし今の北朝鮮はなあとも言っていた」

とも語った。

「曽我さん母娘を救う会」会長の臼木優さんは、

「日本人以上に頑固者だった。昨夜、ご遺体を拝見させていただいた。きれいな顔をしていた。足腰が弱っていたので、この冬が乗り切れればいいなと思っていた。曽我さんは落ち込んでいたが、気を落とさず頑張ってほしい、と励ました」

と話した。

曽我ひとみさんの帰国の際に受け入れに尽力した当時の市長高野宏一郎さんは、

「数奇な運命を送った人。しかも半分は自分で切り開いていった。その思いを聞くことは出来なかったが、曽我さんを支えてくれた人である」

と振り返った。

拉致問題については、

「日本は戦争をしないと決めた国。だからその中で犠牲者が出たと思っている。米国だったら、こんなことにはならないはずだ。それでも解決していかなくてはならない」

と強調した。

そう、佐渡はジェンキンスさんを受け入れた島だった。


二日後の通夜はしめやかに行われた。

祭壇には笑顔のジェンキンスさんの写真が飾られていた。関係者によると参列者は約百人。ひっそりとした通夜だった。

参列者の一人、本間啓五さんは、

「今朝の納棺から通夜までずっと一緒だったが、段々小さくなってしまった。遺影の写真は笑っていたな。あの写真、今年八月に僕と一緒にステーキを食べた時に撮影したものなんです」

とさみしそうに話した。

高野宏一郎さんは、

「彼が佐渡に来て、ひとみさんを支えてくれたし、佐渡の観光を手伝ってもらった。僕は市長として利用した立場。申し訳なく思っている。残念です」

と話した。

臼木優さんは、

「ひとみさんは気丈に振る舞っていた。やすらかに天国に行ってくださいと念じた」

と語った。

三浦基裕市長（当時）は、

「一日も早く拉致問題を解決するよう政府に訴えていく。曽我さん家族は市が支えていく」

と再度強調した。

北朝鮮の拉致事件という大きな国際犯罪の中で、曽我さんは母親とともに拉致された。北朝鮮で結婚し、最終的に曽我さんは故郷の佐渡に戻ったが、夫を失った痛みは大きかったはずだ。

こうして当時の取材経験を振り返ると、地方に記者を配置しているからこそ、取材が迅速に進んだというのが実感できる。

新聞が斜陽産業とされ、地方支局の撤退が徐々に進んでいくが、地方に記者を配置するからこそ、新聞の力を保持できるのだ。

▼佐渡ルール

ジェンキンスさんが亡くなる十五年前の二〇〇二年の日朝首脳会談。大きな進歩があるかもしれないと、朝日新聞は全国の記者に指示して、関係者にその反応を取るよう準備していた。その当時、私は北海道報道部に在籍していて、札幌市にある北朝鮮関連団体の取材を準備していた。北朝鮮が小泉純一郎首相に明らかにしたのは、取材待機をしていた時で、拉致被害者が生存しており、日本に帰国させるという驚愕の事実だった。

その驚きは今も忘れない。

そして転勤に転勤を重ねた私が、偶然にも佐渡支局に赴任し、帰国し生活を始めている曽我さんを取材することになったのだ。

そして今回のジェンキンスさんが亡くなったことについて、疑問が一つ残った。ジェンキンスさんの死亡を、なぜ読売新聞が特ダネとして報じることが出来たのか、ということだった。

当時、読売新聞は朝日新聞と同様、佐渡に記者を置いていたが、肝心の記者はその日新潟支局で泊まり勤務に就いており、台風の接近で佐渡に戻ることはすぐに出来なかった。

現地に記者がいないで、情報が取れたのはなぜなのか。

地元関係者からの情報を新潟支局で得たのか。それとも公安情報か。

実は曽我ひとみさんとマスコミの間には、大きな壁があった。溝と言っても良かった。

曽我ひとみさんやジェンキンスさんが佐渡で生活することになってから、現地マスコミの異様な取材合戦が始まり、トラブルが起きていた。個人情報を暴露するマスコミもあり、朝日新聞もその加害者の一人と非難された経緯もあった。

このため、曽我ひとみさんとジェンキンスさん夫婦と家族を守るため、佐渡市が仲裁に入り、専従職員を置いて、勝手に独自の取材をさせないようコントロールを始めたのだ。取材をするのはすべてこの専従職員を通じて行うことになった。

私が佐渡支局に赴任した時は、既にこんな取材体制になっていた。だからこのルールを私も守ってきたし、独自の取材をするのは控えていた。

こんな取材体制だから、読売新聞が独自に取材できたとは思えなかったのだ。疑問のままだった。

▼曽我さんの素顔

ただ、曽我ひとみさんは地元マスコミの取材を拒否したことはない。むしろ、マスコミを通して、北朝鮮による拉致という国家暴力の早期被害者救済を訴えることを続けていた。曽我ひとみさんは年に数回、地元佐渡や新潟市などで、拉致被害者の早期帰国を訴える署名活動を支援者と続けてきた。

地元報道陣は、事前に市役所の担当者と打ち合わせをして、質問事項を事前に連絡し、署名活動が終わった時間を見計らって、質疑する方法を取っていた。

その取材の質疑では、家族の話はタブーだった。質問をしても、「家族は元気です」としか答えなかった。

それが二〇一七年九月、つまりジェンキンスさんが亡くなる三カ月前の会見で、家族の話をしてくれたのだ。確実に変化が見られた。

この会見は曽我ひとみさんが北朝鮮から日本に帰国して十五年が経過することをきっかけに開かれたもので、我々地元記者が年に数回行ってきた質疑とは違い、正式な会見だった。会見は十年ぶりだという。東京からは多くのマスコミ陣が来ていた。

当時の私のメモを見ても、かなり積極的に家族の話をしていた。

《生き別れとなった母親ミヨシさんや夫、二人の娘について思いを語った。これまでは「家族を守る」という思いから夫や娘について具体的に話すことはなかったが、この日は質問に応じて、観光施設で働く夫の仕事ぶりや保育園で働く長女との日々の会話を披露するなど、明らかに曽我さんの内部に変化が見て取れた。一向に解決しない拉致問題の被害者には、「絶対諦めないで下さい。諦めては終わりです」と呼びかけた》

《曽我さんは帰国からの十五年間について、地元の近所の人たち、同級生、全国からの温かい励ましの中で生きてきた、と振り返った。特に同級生たちについては、「くじけそうになった時、『一人じゃないよ。一緒だよ。お母さんが帰ってくるまで頑張ろう』と言って励ましてくれた」と感謝の言葉を述べた。日本で家族と十三年過ごしたことについて、「周りの助言や励ましがあって、一生懸命生きてきた」と話した》

《夫ジェンキンスさんは現在、市内の観光施設で働いている。後期高齢者の仲間入りをしたことから、仕事を今年から減らしているが、それでも仕事に行く時は張り切って出かけると言い、「『きょうはどんな人が来るのか』とか『きょうは外国人が来た』と話してくれる。一生懸命、仕事をして欲しい」と夫への心遣いを語った。

夫とともに同居している長女については、「市内の保育所に保育士として働いています。

子どもたちを相手に頑張っています」と現在、社会人として働いていることを説明した。そのうえで、「つらいとか大変だとか、愚痴も言いますが、次の日になると、『大丈夫、可愛い子供が待っている』と言って出かけていきます」と母親として頼もしくなった長女の姿を話した。次女は結婚し、「嫁ぎ先でみんなと仲良く生活しています。私は母親として安心して見ています」と、この時だけは目を細めて話した》

これまで拉致被害者救出の署名活動に参加してきた曽我さんだが、その際、報道陣の質問で家族について話すことはほとんどなく、家族の近況を具体的に話したのは異例だ。

質問に答えて、曽我さんは母親のミヨシさんについて、

「北朝鮮はやはり日本とは違う。心配は尽きない。(帰国を)諦めず、病気にならずにいてほしいと願うだけです」

と話した。

「ミヨシさんが帰国したらどうするか」という質問には、

「力ずくで抱きしめて、ありがとうと言いたい」ときっぱりと言った。曽我さんは現在介護施設で働いているが、入所している高齢者とミヨシさんを重ねて、「『昔は出来たのに、今は出来なくなった』と言う高齢の方がいるが、母と同じ年なんだ、母もこんなになっているのかとすごく心配な気持ちです」

と思いを話した。

また横田めぐみさんについて、

「一緒に歌ったり、独自の勉強をしたり、日本のことを話したり、ちょっと笑ったり、こんな生活でした。めぐみさんからもらった赤いカバンや絵、キーホルダーを持って帰国すればよかった。懐かしいものばかりです」

と思い出を振り返った。

まだ帰国できていない拉致被害者について、

「日本で待っているお父さん、お母さん、お兄さん、お姉さんがいます。会うまで元気でいて下さい。私もこのまま日本に帰れないなら、ちょっと大きな決断をしようとも思ったが、周りにいた家族に支えられて、思いとどまった」

として、当時の北朝鮮で自殺を考えたことをほのめかした。


曽我さんは五年前から地元の小中学校で、ミヨシさんへの思いを語る特別授業を続けている。「家族に対する想いを共に考える会」というタイトルで、市教委などの要請に曽我さんが応じる形で実施している事業。ミヨシさんへの思いを児童・生徒に話してもらい、拉致問題を理解してもらうと同時に、家族に対する思いを深めてもらう狙いがある。当時それまでに市内で五年間で計四十五回の考える会を実施してきた。私もそのたびに取材を重ねていた。

そしてそんな矢先に最愛の夫ジェンキンスさんが亡くなったのだった。

（了）

S

小樽運河と横路知事

▼クイ打ち

「クイ打ちはやめろ！」

「運河を残せ！」

一斉にシュプレヒコールが挙がった。若者たちは、工事現場に向かって拳を振り上げる。激しい訴えに包まれる中で、作業は予定通りに進められていく。巨大なコンクリート製の円筒形クイが、ゆっくりと運河の水底に打たれていった。怒号と号泣がピークに達する。

一九八三年十一月十二日朝、北海道小樽市内を走る小樽運河の埋め立て工事が始まった瞬間だった。快晴に恵まれた午前十時過ぎ、運河の中央橋近くの工事用足場で行われた安全祈願祭に続いて、円筒形のクイの内部で、掘削スクリューが回転。運河底にたまった固化ヘドロと水がかき出されて、クイ本体が静かにそして着実に水中に埋まっていく。騒音はほとんど聞こえない。

長い運河の歴史でも、この日は心が重い一日だった。小樽の街並みを形成する運河が消えてゆく日でもあった。多数の記者やカメラマンが現地入りしていた。

中央橋では運河埋め立て反対を訴えてきた市民団体「小樽運河百人委員会」や「小樽運河を守る会」のメンバーたちが口々に、

「埋め立て反対の声を無視するな！」

「工事の皆さん、やめてください。お願いします！」

と絶唱した。

中央橋付近に陣取っていた宣伝カーの上では、小樽運河を守る会の会長を長く務め、会の中心的人物だった峰山冨美がマイクを片手に訴えている。

「全国の多くの人が小樽運河の保存を望んでいるのに」

声を詰まらせ涙ぐんで、言葉が続かない。これを見ていた市民もつられて目頭を押さえた。

クイはついに打たれ始めた。道路の護岸となるクイ打ちだった。運河埋め立てと道路建設という高度経済成長期の論理は、ついに崩すことができなかったかのように見えた。全国にばらまかれたバイパス神話は消えることなく、それこそ亡霊のごとく蘇ったかのように思えた。

工事現場では運河保存運動を続けてきた若者たちが唖然としていた。

小樽運河の埋め立て論争が始まって、既に十年。最終的に市議会で埋め立てが決定したのが、その二年前だった。

運河という公有水面埋め立ては、北海道庁の管轄だが、実際の原案政策者は小樽市長とそれをバックアップする市議会であり、小樽運河埋め立てでは、その小樽市長が、小樽港の港湾管理者でもある小樽市長に意見を聞く、という形式的な手続きが行われてきた。そしてそれを可能にしたのが、市議会のごり押しや陰湿な攻撃だった。

それでも保存運動は続けられてきた。そしてこのクイ打ちのわずか三カ月前、地元経済界のトップが突然のように運河保存へと方針転換し、保存運動に大きな後押しとなった。道路建設を進めてきた経済界トップの態度豹変に、運河保存の声は次第に大きくなった。

だがそれでも運河埋め立て工事をストップさせることができなかった。

現場で取材していた私は、夕刊予定稿の手直しをするため、デスクに無線連絡をした。

埋め立てか否かで小樽運河問題が当時、全国でも注目されたのは、道路建設優先で開発を進めてきた自民党政権に、地元の人間が「待った」の声を掛けたことだろう。大正時代に完成した小樽運河とその周辺に位置する石造倉庫群が一つの町並みとして形成されており、その景観全体を守れ、と地元の人間は訴えてきた。

そして道路建設とは何か、まちづくりとは何か、という課題になり、小樽問題は全国的に波及していった。
その小樽で運河論争の現場を見てきた私には、地方自治とは何かをその後考える、悪い意味での教科書になった。地方の民主主義は既に危なかった。

▼その歴史

ＪＲ小樽駅から海側に歩いて約五百メートルの場所に位置するのが小樽運河だ。埋め立て前は全長一千百四十二メートル、幅四十メートルの水路で、独特の緩いカーブをなしていた。周辺は明治から大正時代にかけて建てられた約三十棟の古い石造倉庫が並び、独特の景観を作っている。

小樽運河の歴史は、大正時代に遡る。北海道の表玄関だった小樽港の港湾作業量を増やすために、一九二三年（大正十二年）に完成した。

一般の人工運河が掘り込み式で完成させてきたのに対して、小樽運河の場合は、海岸から一定距離の海面を残してその先を埋め立てていく造成水路で、埋め立て運河と呼ばれた。

当時の小樽は函館と並び、北海道の玄関として商都・小樽の名をほしいままにしていた全盛期だった。日露戦争の後の一九〇七年（明治四十年）には日本領となった樺太と小樽の間に航路が開設されると、中央経済の目は樺太開発に向けられるようになり、小樽には船会社の営業所や倉庫が次々と開設された。

一九一四年（大正三年）に第一次世界大戦が始まり、深刻な食料不足になったヨーロッパなどに道内の穀物を次々と輸出し、小樽港の貿易量が増大し、港湾都市・小樽の名は世界に広まった。その港湾作業を、ハシケによる荷役作業で賄おうとして造成されたのが、小樽運河だった。運河の完成で、商都・小樽の地位は揺るぎないものとなり、運河周辺には商社や銀行が建ち並び、「北のウォール街」と呼ばれた。


だが、その運河を使ったハシケ荷役も、戦後になると次第に衰退していく。小樽港のふ頭岸壁の整備や入港船の大型化、作業の機械化などにより、ハシケと運河を使った荷役に代わり、接岸荷役となり、ハシケの出番がなくなっていく。

「元々小樽運河はハシケ荷役のために造成されたもので、この荷役方法がなくなれば、港湾施設としての使命は終わったと言える」

地元関係者はこう指摘する。

問題はこうした歴史的遺産をどう活用していくか、だった。

▼道路建設

小樽運河が新たな意味を持って登場するのは、一九六六年（昭和四十一年）、小樽市が決定した都市計画だった。全長一千百四十二メートルの運河を全面的に埋め立てて、道路建設を行う内容で、既に建設が決まっていた小樽・札幌間の道内初の高速道路「札樽自動車道」（通称・札樽バイパス）と連結させる計画だった。名称を「道道小樽臨港線」と言った。

札樽バイパスは小樽・若竹交差点から札幌・手稲までの三十八キロを結ぶ。小樽運河を埋め立てて造る道道小樽臨港線は、この若竹交差点から小樽・稲穂交差点までの三・五五キロを造成する計画になっていた。

この両幹線建設の狙いは、小樽と札幌・道央圏との経済交流の動脈としての産業道路を確立させて、小樽の産業基盤を強化することにあった。北海道の経済中心地を札幌に取られ、かつての商都・小樽は斜陽化が始まっていた。昭和三十年代のエネルギー革命で石炭から石油への転換が始まり、小樽港での石炭取扱量が激減し、新興勢力である苫小牧港の出現で、このまま行けば、小樽の衰退は目に見えていた。

小樽の発展は、小樽港という港の動脈航路の起点と、陸の動脈である札幌・小樽間の太い経済道路で決まる。そのためには、札幌と三十分で結べる高速道路と周辺道路の整備が必要だ。

こんな意見が小樽を占め、道路建設へと進むことになった。

道路建設で波及する経済効果も見逃せなかった。北海道の経済は、土建経済と言われるほど、開発型予算が組まれる。小樽運河埋め立てにしても、埋め立てに必要な砂利類などの建設費が地元を潤すことになる。時あたかも、高度経済成長になりかかった時期で、地元政財界も乗り遅れまいとして、このバイパス神話を追いかけようとしていた。

▼反対の声

小樽運河を埋め立てるな、という声が挙がったのは、一九七二年、札樽バイパスの一部が供用を開始し、その小樽側出口から始まった道道小樽臨港線建設が運河南端まであと五百メートルに迫り、工事のため一部の石造倉庫が取り壊されてからだった。

小樽運河はその時点で港湾機能として見る限り、その使命は終わっていたが、その周辺の石造倉庫とともに昔の佇まいを見せていた。それがしっかりと市民の心を捉えていた。

小樽運河保存の声は次第に大きくなり、同年十一月、市民の有志が、

「運河とその周辺の石造倉庫は文化的、歴史的遺産。運河の水面をきれいに蘇らせ、全面保存を」

と訴え、「小樽運河を守る会」が結成された。

守る会は、運河埋め立ての論理一つ一つに反論していった。

まず交通整備の問題があった。道路が必要なら、何も運河に固執しなくても、他に考えられるルートが何本もあった。海周りしても良いし、山周りでも良い。運河埋め立てに固執する必要があるのか。

行政側が必要だとして前提としている交通量にしても、調査結果を公表していない。十年前の調査結果が堂々とまかり通っている。保存団体が行った調査結果では、その予測より、交通量が半減している。

また運河を埋め立てて道路を建設しても、その先の道路整備が思うように進んでいない。計画が立てられているものの、それが完成するのは何十年も先のことだろう。

道路整備が実現しても、小樽は通過するだけの通過交通になってしまい、何のための産業道路か分からなくなってしまう。小樽港の衰退や、同港に隣接して完成した石狩湾新港の出現で、バイパスそのものが不必要になるのではないか。

運河埋め立て派が街の活性化の目玉だと強調すれば、全面保存が小樽の活性化に繋がると主張し、両者の対立は次第に激しさを持つようになった。

小樽運河が全国的に注目されるのは一九七七年ごろからだ。

「小樽運河とその周辺の歴史的建造物群は、神戸の異人館が並ぶ山本通り一帯、グラバー邸のある長崎の南山手地区とともに、日本近代史を象徴する三大景観地点の一つである」（村松貞次郎東大教授「小樽運河総合調査中間報告」）

という指摘がされた。小樽運河とその周辺の歴史的、文化的価値が全国的に広がり始めたのだ。一九八〇年には小樽で第三回全国町並みゼミが開かれ、参加した全国三十団体、約四百人が運河に関心を示した。

市内では若者たちの祭典「ポートフェスティバル・イン・オタル」が開かれ、タウン誌などが発刊されるなど支援の輪が広がっていった。

こうした保存の声に、危機感を持ったのが経済界だった。七七年に小樽臨港線整備促進期成会を発足させ、巻き返しを図った。以降、道庁を巻き込んで、保存派と促進派は激しく対立をするようになる。

▼小樽市議会

小樽市議会では、圧倒的多数を誇る自民党が数にものを言わせ、公有水面の埋め立て手続きを着々と進めていた。

最初は一九七四年十二月の定例会だ。道路建設促進は四件、運河保存派が一件の陳情を巡って、委員会での採択が大混乱になった。委員長が促進派の陳情の採択を宣言したとたん、与野党の委員が席を蹴って委員長席になだれ込み、もみ合いになった。続く本会議でも議会定数四〇議席のうち二三議席を握る自民党がその数にものを言わせて、道路建設促進派の陳情を強引に採択した。

五年後の七九年には、自民党が正副委員長を独占する総務・建設両委員会で、運河埋め立てか保存かを巡って議論が続く中、ここでも委員長が質疑打ち切りの動議を叫んで、会場は騒然となった。激しいもみ合いが続き、運河埋め立ての陳情だけが採択となった。


こうした中で、小樽市は七九年六月、北海道大学助教授の提言をもとに運河の全面埋め立てから片面だけを埋め立てる折衷案を発表した。

運河の総延長一千百四十二メートルのうち六百五十メートル部分の山側部分、幅四十メートルのうち二十メートルを埋め立てるという内容だった。この埋め立て部分と従来からある片道一車線の道路を併せてバイパスとする折衷案だった。臨港線の変更である。

当時の小樽市長は、

「一度決定した都市計画を変更すると、さらに新しい問題に波及して、行政的な影響が大きくなる。経済界を中心に、市は道路計画を遂行せよという声がある一方で、運河保存の市民運動もある。苦渋の中で、保存派の意向も十分に取り入れたギリギリの選択をした」

と説明した。

しかしこの折衷案に保存派は納得しなかった。

「石造倉庫などの歴史的建造物を景観、環境保全の立場から保全しようというものではなく、運河末端部分を残そうという内容だ。表向きは現在の景観を残すと言いながら、その本質は景観破壊を意味している。運河埋め立ての口実になってしまう」

と反対した。

石造倉庫群の一角が崩され、運河の上にバイパスが走ることのアンバランスさを指摘したものだった。

こうした批判にもかかわらず、同年十一月、市議会は運河埋め立て促進派である臨港線整備促進期成会の陳情を採択、小樽運河を守る会の陳情を不採択とした。翌八〇年、道段階で道小樽臨港線の都市計画変更を決定し、告示。都市計画変更手続きは終了した。

運河の埋め立ての行政手続きは、都市計画変更の決定、国の港湾審議会承認などがあり、ほぼ完了したことになる。

しかし、八一年には運河埋め立て工事の測量図にミスが見つかったことで再びもめた。このミスというのは、道が小樽市に提出した運河の公有水面埋め立て免許願書に使う運河の実測図に誤りがあったもので、指摘した共産党議員が市議会で、市当局に食い下がった。

「こんなずさんな実測図を添付した願書は無効であり、実際の測量さえやっていない疑いがある。道に願書の白紙撤回せよ」

と主張したが、市は、

「ミスに支障なし」

と再三答弁し、逃げようとした。

ここでもまた自民党議員が質疑打ち切りの動議を出して、道提出の願書を強引に可決した。

ところがその後、願書の工事面積や測量点に大きなミスが見つかり、道も願書を取り下げた。再提出は同年十二月で、ここでも市議会が紛糾し、自民党はその数を頼りに、可決してしまった。

本来民主主義とは、少数派の意見を大切にすることで成り立っている。しかし地方議会でも国会と同様、数の論理で強行される。地方議会にこそ、民主主義を考える原点があると私は考える。

あとは運河の埋め立てを前提にしたヘドロ固化工事とそれに続くクイ打ち作業が始まるだけ

のはずだった。各紙は消えゆく小樽運河の連載を始めた。

▼革新道政の誕生

小樽運河を巡る新たな論争が再燃したのは、一九八二年九月になってからだ。西武流通グループ（当時）の堤清二代表（当時）が旭川市であった西武旭川の新装オープンの記者会見で、「小樽運河埋め立てを前提とした再開発には協力できない。だれが運河を潰したのかと、後世の人から非難されたのではかなわない」と発言したことで火が点いた。小樽の政経界が再開発のもう一つの切り札として、運河埋め立てを前提とした周辺の再開発への協力を同グループに求めていたが、その矢先の出来事だった。衝撃は大きかった。

これに火が点いて、今度は小樽の経済界トップの商工会議所会頭が埋め立て推進の立場から一八〇度転換し、全面保存を訴えていることが明らかになった。あれだけ運河埋め立てを主張してきた人物が一八〇度転換するとは、だれもが予想できなかった。新聞各紙を大きなニュースとして、この発言を取り上げた。

それだけではなかった。その年の四月には社会党（当時）の若手エースだった横路孝弘が道知事に就任し、革新道政が誕生した。勝手連方式の強力な援護で、対立する保守系候補を圧倒的な票数で破った横路は、革新道政の担い手として期待を一手に背負っていた。

知事選の遊説では運河保存を訴えていた。保存運動のメンバーらは横路知事の手腕に期待を寄せた。


こうした流れの中で、保存派は新たな組織「小樽運河百人委員会」を発足させた。百人委員会は市内で運河反対の署名活動を展開させていく。

そんな中で始まったのが、冒頭の運河埋め立てのクイ打ち工事だった。一九八三年十一月のことだ。

百人委員会の署名活動は最終的には人口の過半数の九万八千人分を集め、埋め立て中止を求めて市に提出したが、拒否された。市長の退陣要求運動を行うことも決めた。


横路知事が動き出すのは、年が明けた一九八四年からだ。一月、運河埋め立てについて再検討し、小樽市と協議する意向だと地元紙が報じた。一方で埋め立て促進派は地元出身の代議士が音頭を取って、市長、商工会議所会頭、自民党小樽支部長ら地元の意思を統一させようとしたが、結論は出なかった。

横路は奇策に出た。否、これ以外に選択肢はなかった。三月、当時の建設相と横路知事の間で、運河埋め立て工事の一時凍結を行うとの合意が成立したのだ。期間は八月末までで、地元小樽で開催される小樽博覧会に支障を来さないためと説明した。小樽博覧会開催を理由に、結論を出さないまま、一時工事を凍結させる。問題の先送りだった。運河埋め立て促進派は猛反発した。

横路は小樽市長と会談するが、話し合いはすれ違いに終わった。

横路は実際に小樽入りして、地元の運河埋め立て促進派と埋め立て反対派に五者会談を提唱し、合意を得る。行動派であることをアピールした形だったが、実際の五者会談では話し合いは並行線のままだった。

私は小樽入りした横路の言動を現場で取材していた。一部報道では、「行動派、横路知事」とたたえる記事もあった。

この小樽博覧会開催中は埋め立て工事を一時凍結するという手段といい、五者会談の実現といい、横路らしい手腕だった。革新道政として登場し、運河埋め立て反対を訴える市民団体のメンバーにとっては、工事ストップを期待していた。

しかし、そこが限界だった。工事は小樽博覧会の開催中に一時ストップしただけで、その後再開した。

運河埋め立て反対の百人委員会は、市長リコールを巡って内部対立が激化し、工事再開を見ることもなく、内部崩壊していくのだ。
最後は百人委員会の代表幹事で、小樽運河を守る会会長の峰山冨美が会長を辞任して、守る会も崩壊した。

峰山は敬虔なクリスチャンとして、その温厚な人柄もあり、小樽運河を守る会の運動を引っ張ってきた。守る会の十年間の歴史は峰山の個人史そのものと言ってよかった。会の活動の停滞とともにメンバーも退会し、運動が停滞する時もあった。しかし峰山はこうした状況にも負けず活動を続けていた。ここ数年の会の活動は、峰山が引っ張ってきたと言っても過言ではない。そして、その峰山の個人的人柄に魅了された多数の若者が会を支えていた。そんな峰山を内部対立が追い込んで行ったのだ。

私は峰山が会長辞任の考えを固めていることを知り、それを記事に書いた。特ダネだった。重い決断だったし、書くこともつらい決断だった。長い間続けられた運河保存運動は崩壊し、運河の工事は再開することになった。
そして工事は完成し、運河を半分埋め立てた道道小樽臨港線は一九八五年十二月、一部供用を開始する。保存運動の敗北だった。「運河は半分残った」という見方はあるが、保存派が望んでいたのは、全面保存であり、一部保存ではなかった。かつてのメンバーは、

「これは私たちが望んだ小樽運河ではない」

と言い切った。


中央政治から革新道政の担い手と登場した横路知事だったが、公約とされた多くのものが、実に簡単に反故にされた。革新道政の手腕を期待していた道民には、不可解なまま十二年が経過した。

なぜ横路は期待を裏切り続けたのか。行政の継続性を優先し、中央行政と地方行政との軋轢を避けたからだ、と指摘する声は多い。


横路は知事を辞める前に、地方分権をテーマにした私のインタビューに答えて、こう話した。

「運河論争が激化しているので、あうんの呼吸で一度凍結になった」

「事業の許認可が複雑すぎて、がんじがらめになっているから、行政というのは、一旦決めると後戻りできない面がある。時代が変わったからといって、新たに対応するには、手続きを簡素にしなくてはならないと思う。白紙の段階では、かなりのことができるのだが」

「財政担当者も、地方自治体の単独事業より補助事業のほうに目が向く。補助事業は制約が多く、地域特性を本当に生かせるのかどうか。道庁の仕事の八割は、機関委任事務と言われています。仕事だけさせられて、判断する余裕がない。国の言うことを聞きなさいとね。事業主体の名前は知事になっているけれど、実質的な事は何もできない」

横路の正直な考えだろう。

かつての側近だった幹部はこう解説してみせた。

「さまざまな事業の工事をストップしようとすれば、知事にできないことはなかった、と私は思う。でも、その影響は大きく、道庁は大混乱するだろう。横路はそれを避けたかったのではないか」

政治家が代わっても、一度決められた事業を変更するのは、実に困難な作業であるということなのだろう。

一度決定し着手した事業は、多くの場合、役人が実務を担当し、膨大な金が注ぎ込まれていく。行政の継続性というのは、役人にとっては使命であり、行政の多くを中央政権に縛られている日本で、事業のストップを言い出すのは、このシステムに「否」と言っていることと同じなのだ。だから、横路も火中の栗を拾おうとしなかったのだろう。

しかし、一方で東京都知事だった故青島幸男の決断との比較をしてしまう。

都知事選で劇的な勝利を収めた青島は、選挙公約だった都市博覧会の中止を決定した。

東京都庁舎と並んでバブル経済の象徴とされたこの巨大イベント中止決定は、清涼感を持って当時、報じられた。政権交代がようやく実現した結果の話であり、政治家の公約とは何かをつくづくと考えさせられてしまった。この中止決定は、青島知事の個人の資質の問題だと受け取られていたが、果たしてどうだろうか。地方分権や行政の継続性という点からも考えてみなくてはならないテーマだった。

そして横路が知事としての限界を示したことで、その後、中央政権では社会党政権が誕生しても、政治は全く変わらなかったことをいみじくも占ってしまった。日本が巨大な中央集権国家であるという現実、もはや革新政治家が挫折したということである。革新という言葉も死語になりつつある。

▼企画展

小樽市で二〇二一年八月、「峰山冨美没後一〇年企画展」という催しがあった。亡くなった峰山を偲んだ企画展で、各種資料や写真が展示されて、記念誌も発行された。

その中で私も一文を寄せた。

《小樽運河に関する古い資料を整理していたら、こんなものが出てきた。当時の小樽運河に関する私の記事への賞状だった。「峰山会長辞任に際し、一部個人的心情を交えながらも、新聞記者精神にのっとり公明正大な新聞記事を書ききったことをここに賞します」とある。一九八四年八月三十日の日付で、「小樽運河の若者市民連合」となっている。

もちろん正式な団体からの賞状ではなく、当時の有志メンバーが転勤する私に作ってくれたプレゼントだ。ただ、正式な賞状ではないが、峰山さんの辞任を特ダネとして私が北海道新聞で報じたのは、事実である。

私は一九八一年四月から北海道新聞記者として小樽支社報道部に配属され、いわゆる運河論争を取材していた。運河を埋め立てるくい打ち工事の瞬間、多くの市民が見守る中で、峰山さんが涙ぐんでいる姿も記憶に残っている。そして横路知事の仲裁で工事が中断し、そして再開してからも取材を続けていた。小樽運河を守る会も、政治や市民団体内部の軋轢に翻弄されていた。

峰山さんが辞任を固めているのを知った私は、峰山さんに何回も接触し、意思が固いのを確認した。かなり大きなニュースとなることから、当時の報道部長が峰山さん本人に確認した記憶も残っている。そして書いた原稿が本社デスクを通して記事になり、紙面化された。

あれから三十七年。運河を埋め立てて道路を造るという当時の行政が正しかったのかど

うか。街づくり運動はどうあるべきなのか。もう一度検証すべき課題だと思っている》

（了）

〈この項は私が月刊誌『技術と人間』で連載した「ドキュメント小樽運河」〈大和田徹＝ペンネーム〉を元に新たに書いたものです〉

T

社会党「山が動いた」

▼抗　議

「なぜ朝日新聞だけに教えるんだ。読売新聞の部数を知っているのか」

こんな抗議を、社会党埼玉県本部（当時）に読売新聞記者が行ったのは、私が朝日新聞埼玉版に書いた記事が掲載されたその日の午前中だった。

社会党県本部がその夏の参院選で、同党の候補者として、歌手でタレントの山本コウタローを擁立することをほぼ決めたことを、私は朝日新聞で記事にした。当時、私は朝日新聞浦和支局で県政担当記者として取材しており、社会党の水面下での動きを追っていた。一九八九年のことだ。

その記事に反応したのが、ライバル社である読売新聞だった。私が書いた記事は他社には全く出ていないという意味では、独自ダネというか、特ダネである。記事が事実なら、他紙も追いかけなくてはならない。

この年の参院選は、消費税問題とリクルート事件が大きな争点となり、社会党の党勢の行方が注目されていた。注目されたのは、どんな候補を擁立していくかだった。各紙とも、候補予定者を追っていた。

当時の読売新聞の部数は県内で八十万部とも九十万部とも言われ、絶対的な数字を誇っていた。朝日新聞は五十万部から六十万部と言われたから、紙面化した時の影響は読売新聞の方が大きい。

そんな影響の大きさを知っている読売新聞の記者が、朝日新聞に先に書かれたことに腹を立てて、「読売新聞の部数を知っているのか」と抗議してきたのだ。その話を私は複数の社会党職員から聞いた。

何も私は自慢話をしているのではない。中央だけではなく、地方に配られる地方版でも競争があり、その競争原理で新聞が動いていることを知ってもらいたいのだ。

新聞業界の報道現場は競争の世界である。それは中央だけではなく、地方でもそうである。ニュース価値が大きいものでも、小さいものでも、知ったら、報じるだけだ。取材対象に抗議しても、何の得にもならない。むしろ次は特ダネを取るという意識を持って取材するしかないのだ。

▼地方にヒントが

「山が動いた」

結果として、一九八九年夏の参院選は、社会党が大勝し、当時の土井たか子委員長は、こう評した。消費税問題とリクルート事件が大きな争点となり、自民が大敗し、衆参ねじれの状態に追い込まれた。

私は朝日新聞浦和支局で県政担当記者として、社会党の勢いを肌で感じながら、既にその凋落の小さな芽が出ていたことに、当時は気づいていなかった。組織の硬直化だった。

結果として、翌年の総選挙は社会党が大敗し、その後、社会党連立政権が生まれるものの、組織はほぼ崩壊し、現在に至っている。

地方の現場にこそ、その後を占うヒントがあるのだ。そう感じるようになったのは、かなり時間が経過してからだ。

当時、社会党は埼玉選挙区の非改選（定数二）で一議席を確保していたが、改選となるこの年の選挙では一議席奪還するのが悲願だった。一九七七年の参院選で議席を失い、八三年も敗退していた。

リクルート事件の広がりと消費税批判の追い風に乗り、前年十二月から候補者選びに入った。しかし県内の文化人や弁護士には次々と出馬を断られ、人材不足を露呈した。

私の当時の取材ノートやメモなどによれば、県本部は年明け早々、党本部に候補者選びを白紙委任した。ところがその一方で、別の幹部が、

「県本部では白紙委任を決めたわけではない」

と、当時党本部幹部だった国際運動局長の深田肇を推したことから、ボタンの掛け違いが始まった。

この国際運動局長深田は東京・杉並区議を一期、四年務めた後、党本部入り。青少年局長を十年間務めた後、現職になった人間で、社会党にとっては、「党の人」であり、党官僚でもあった。党内では、親中国派として知られた派閥、社会主義研究会に属していたが、今回の参院選だけではなく、衆院選にも東京四区などから出馬の意欲を見せていた。当時、衆参同日選挙の噂も出ていた時期だ。

埼玉からの出馬要請の背後には、派閥がらみの動きがあったと言われ、県本部の意思が一本化されていなかったことが、その後の候補者選びの混乱を招いた。要するに意思統一が出来ないまま参院選を迎えようとしたのだ。

二月になって県本部委員長が土井委員長と会談し、県本部委員長は席上、この国際運動局長の名前を挙げたのに対して、土井委員長が「意中の人」として挙げたのが、歌手でタレントの

山本コウタローだった。

「山本コウタロー」と言っても、若い世代にはわからない人が多いだろう。もう半世紀前に、『走れコウタロー』や『岬めぐり』などの歌がヒットした歌手で、当時は音楽プロデューサー、テレビ司会といった多彩な肩書を持つマルチタレントだった。

その山本に土井委員長が、「無所属、社会党推薦」として出馬を打診していたのが、その年の一月下旬。本人も乗り気だった。

土井委員長は社会党の裾野を広げるためにも、平和コンサートを企画するなどの山本の政治姿勢を高く買っていた。

土井委員長の提案に、県本部は深田の擁立を一度は断念した。山本も市民運動家や知り合いに相談して、準備を進めるつもりだった。

その水面下の動きを探った私は、山本の候補一本化で決まるという確信を持って、「社会党候補に山本コウタロー氏」という記事を書いた。

記事の反響は、前記のようにまずは読売新聞記者が怒ったことから始まった。

▼「だれでも勝てる」

しかし、ここで県本部内部では、にわかに党組織を優先させる意見が全面に押し出されてくる。

「社会党の意見を代弁する人を候補者にすべきだ」

「党籍取得のめどが立たない人の擁立はおかしい」

こんな意見が出されるようになった。

当時、山本はテレビ局との契約の関係で、三月三十一日までは態度を明らかに出来なかった。

このことを逆手にとって、

「どんな考えを持っているのかはっきりさせられないものは推せない」

という意見も出されるようになった。

リクルート疑惑が徐々に大きくなり、自民党政権は大混乱に陥っていた。混乱が予想以上に大きいことから、党本部国際局長の深田擁立の声が強くなった。

「この状況なら知名度がなくても、勝てる」

と踏んだのだった。

深田擁立の声の大きさに、県本部は土井委員長を通じて、三月下旬、山本への擁立条件の変更を打診した。これが関係亀裂のすべてだった。

「社会党の党籍を取るか、比例代表区に出て欲しい。このままでは、埼玉はまとまりがつかない」

それは、「広く市民党を名乗りたい」という山本の希望とはかけ離れていた。

▼辞　退

山本が出馬の辞退を通告したのは、党県本部執行委員会の直前だった。社会党内部のゴタゴタに巻き込まれてしまい、嫌気が差したのだった。後の私の取材に対して、山本はこう断言している。

「僕、イコール社会党ではない。打診された時は、非常に乗り気だったが、前提条件が違ってくれば、辞退せざるをえない。比例区に出る気はありません」

社会党は古い官僚主義の体質を最後まで変えることが出来ず、その体質に引きずられて、凋落の道を進んで行った。

裾野を広げることが出来ず、「市民派」と「党官僚」は相容れなかったのだった。

組織が硬直化してしまい、既にほころびは出ていたのだ。

私は政治部の記者でもなかった。しかし社会党の凋落は、地方の現場にいたからこそ、実は肌で感じていたのだ。

県本部委員長は記者会見で苦しい弁明をした。

「こういう事態になったのは、私の不徳のいたすところ。山本さんには大変苦しい日々だったと思います」

こうして社会党はお家の事情で、山本を走らせることが出来ず、残された道は国際運動局長深田を擁立するしかなかった。

私は山本辞退と深田擁立というタイミングで、再び記事を書いた。読売新聞からはまたクレームが社会党県本部に届いたことを後に知った。

▼選挙戦

実際の埼玉選挙区の構図は、以下のようなものだった。

定数二に対して、十二人が争い、社会党の深田が圧勝し、後に県知事となる参院議長の土屋義彦が五期連続で当選した。県医師会長も出馬したが、落選した。

自社両党が二議席を分け合ったが、全国的には自民党は惨敗した。リクルート事件に消費税、さらにはリクルート事件で退陣に追い込まれた竹下登に代わって総理大臣に就任した宇野宗佑の女性問題などが焦点となり、自民党が歴史的敗北を期し、社会党の躍進が歴史に残る結果となった。宇野首相は引責辞任し、わずか六十九日の短命内閣に終わった。

時は昭和から平成に入り、最初の国政選挙だった。

実際の選挙戦に入っても、その社会党に対する有権者の反応は熱いものがあった。選挙カーで回っていると、道ばたの有権者の多くが手を振ってくれる。

「こんなに手を振ってくれる選挙は初めてだ」

知り合いの社会党職員は、当時こんなことを述べていた。


社会党に風が吹いたのだ。選挙における「風」。私はこう表現している。数値化できない空気とか勢いとかは、選挙の雰囲気を伝える大切な要素だと思っている。その風の流れをしっかりと読み解くことが、選挙取材では大切だと感じている。

だが、その風も気ままで、最後まで社会党に吹いてくれない。翌年の総選挙では今度は社会党が大敗する。硬直化した組織では戦えない状態になり始めていたのだ。その山本は二〇二二年七月に亡くなった。

（この項はかつて書いた『アエラ』の記事を参考に、新たに書いたものです）

（了）

あとがき

この本は四十年間の現場取材で接した事件事故、災害、自治体、議会などのうち、二十本に絞って再検証し、取材現場とは何かを考えるドキュメントにしたものだ。この二十本以外にも、まだ書きたいテーマが多数ある。それらは別の機会に譲るとして、改めて感じるのは、全国各地に事件事故はあり、議会と当局との不自然な対立も数多いという事実だ。取材を徹底すると、当局が隠してきた失態が明らかになることがある。どこにでも取材対象となる事例はあるということを、改めて感じる。現場は地方にあるし、地方は取材現場の宝庫だと強く思う。

一方で気になるのは、朝日新聞も含めた全国紙が地方の記者を減らし始めたことだ。新聞業界の斜陽化で、経営が悪化し、地方支局を閉鎖して、在籍する記者数は激減している。

例えば、私が朝日新聞浦和支局に赴任した一九八八年四月当時、埼玉県には浦和支局、熊谷支局、川越支局のほか、新座、所沢、上尾、草加、越谷、春日部、秩父などに通信局、駐在記者を置いていた。それが私が退職した二〇二一年には地方支局が半減し、記者数も減った。埼玉県はまだ首都圏だけあって、記者数を激減させてはいないが、東北地方や北陸地方の支局は軒並み半減している。

新入社員数も減っており、こうした地方にはかつての「新人記者の訓練の場」という役割どころはなくなり、新人は配置されず、中堅・ベテラン記者で占められるようになった。

地方の取材網はズタズタになっている。記者も疲弊している。一つの県で見開きのページを独自に作ってきた地方県版も作れなくなっており、今は近隣県の支局と記事を相互に交換する方法で紙面を作っている。

地方に記者を配置しないということは、そこで起きる地方の地殻変動を日々ウォッチすることが出来なくなる、ということだ。地方自治体首長の不正や不当な権力行使をチェックできずに放置されることになる。事実、アメリカでは新聞が淘汰された地方で不正がはびこるという実態が次々に明らかにされている。

地方から記者を撤退させることは、新聞の権力監視という役割を放棄することに繋がる。私はこれを恐れている。現場が遠のいている。


新聞業界の斜陽化の要因は、いろいろある。中堅以下の活字離れ、広告収入の激減、デジタル化の遅れなど、指摘される要因はもっともだと思う。インターネットの発達で、フェイクニュースを含めたあらゆる情報をだれもが入手できる時代に、新聞だけを頼りにする人はいなくなった。新聞の斜陽化は止まらない。

新聞の斜陽化で、笑っているのは、権力を行使する人間だろう。権力行使が安易になれば、民主主義は崩壊する。戦後守り続けてきた日本の民主主義は、戦前の全体主義に逆行する危険性を帯びている。だからこそ、新聞は守っていかなくてはならない存在なのだと思う。

私はまだ新聞の信頼性は損なわれてはいないと感じている。フェイクニュースが拡散する中、新聞記者は事実を追いかけ、現場を確認・取材し、確認出来た事実だけを書いている。それが新聞の強さであり、信頼性でもある。安易な作業で記事を作っているのではない。こうした地道な作業があるからこそ、権力者を監視できるのだ。

首相だった安倍晋三が米トランプ大統領と会談した際に、「朝日新聞に勝った」と問題発言したが、よほど朝日新聞の存在を気にしていたのだろう。権力者が新聞を気にするということは、逆に言えば、安易な権力行使は出来ないことを自らさらけ出しているということになる。

私が朝日新聞記者時代、東北部にある地方に在籍した時、当時の上司は私のことを、「所詮あいつは田舎記者だ」と親しい部下にこう言い切った。地方をテーマにした取材をしている記者を馬鹿にした言葉だった。中央政治取材こそ王道であり、自称中央エリートだったのだろう。悲しいなと思った。この人は中央がすべてなんだな。新潟出身なのに、田舎は嫌いなんだな。田舎記者で結構だと私は思った。現場は地方にある。現場を知っているのは、地道に取材を続けている地方の記者なのだ。私は心の中で反発した。かわいそうだなとも感じた。

地方で取材を続けている記者を「田舎記者」と断じてはいけない。現場を地道に回っている記者に失礼だ。

この本はそんな意味を込めて書いた。現場ではまだ、事実を追い求めている記者が多数いることを知ってほしいと思った。

新聞の将来がどうなるか、予測はつかないが、現場を取材し、真実に近づく手法を変わらない。それだけが新聞の生命だと思っている。

原　裕司（はら　ゆうじ）

記録作家　ジャーナリスト　元朝日新聞記者

東京都世田谷区生まれ。早稲田大学商学部卒業。北海道新聞記者を経て朝日新聞記者。2021年８月に退社し現在はフリーランス。

著書に『今田勇子VS.警察　連続幼女誘拐殺人事件』（三一書房、ペンネーム）、『現代人災黒書　巨大事故の捜査とジャーナリズム』（三一書房、ペンネーム）、『殺されるために生きるということ』（現代人文社）、『極刑を恐れし汝の名は』（洋泉社）、『なぜ「死刑」は隠されるのか』（宝島社新書）、『ドサ回り記者の泣き笑い日記』（恒友出版、ペンネーム）など。雑誌では連載「ドキュメント小樽運河」（『技術と人間』ペンネーム）、「連載　取材現場から」（『マスコミ市民』ペンネーム）、「安田弁護士はなぜ逮捕されたのか」（『週刊金曜日』）、単発で月刊誌『噂の真相』『創』にも執筆。共著に『死刑執行』（朝日新聞）、『別冊宝島　囚人狂物語』（後に『実録！　刑務所暮らし』宝島社）、『おやじの背中』（朝日新聞）、『モンダイの弁護士』（宝島社）、『検証！オウム報道』（現代人文社）、『記者クラブ』（柏書房）など。死刑囚の秘密通信を扱った『足音が近づく』（市川悦子、インパクト出版）では復刻版をプロデュースした。

取材現場は地方に宿る
新聞記者　封印40年の記憶

2023年3月25日　初版第1刷発行

著　　者　原　裕司
発 行 者　中田典昭
発 行 所　東京図書出版
発行発売　株式会社 リフレ出版
〒112-0001　東京都文京区白山 5-4-1-2F
電話 (03)6772-7906　FAX 0120-41-8080
印　　刷　株式会社 ブレイン

ISBN978-4-86641-616-8 C0095
Printed in Japan 2023